清華文史講座緣起

清華大學在民國七十三年秋創設一個新的學院，稱之為人文社會學院。這個學院的創立雖不敢說是要繼承北平時代清華人文學術的光榮傳統，但是其目標仍在拓展人文學與社會科學的研究領域，使清華恢復成為一個完備綜合大學的理想。三年來，清華在人文學領域一方面已設有中國語文、外國語文、歷史、語言學等系所，不久將來亦擬設立文學研究所，在文史方面之科系可說已略有規模，而教學與研究亦齊頭並進，相輔發展。

清華校方對人文社會學術風氣之提倡亦不遺餘力，首先於七十四年六月全校畢業典禮中，邀請余英時院士蒞校作特別演講，其後每學期均提出相當經費，配合國家科學委員會之資助，供各文史系所邀約極負聲望的學者來校擔任講座，發表系列演講。擔任講座的諸先生，對清華特別厚愛，不是携講稿來校，就是事後整理成篇，願供清華出版為文史講座，此一雅意，對清華人文社會學院師生是一個很大的鼓勵，我們自然不可能做到真如英時先生期望歷史所同學「學際天人，才兼文史」的境界，但是總希望藉他們提示的經驗與方向，為學術拓展一個新園區。

歷史研究所杜正勝所長為這一講座的策劃最費心力，又經他的接洽，聯經出版公司劉國瑞總經理慨允刊行這一叢刊，謹向他們表示謝意；同時也要再次對過去以及將來支持這一講座出版的學者，敬致謝忱。

李亦園 民國七十五年歲末
寫於新竹清華園

序

民國七十六年正月，我應清華大學人文社會學院歷史研究所杜正勝所長的邀請，到清華大學擔任講座，對〔明清經濟史研究〕前後演講六次。這本小册子，根據錄音帶整理而成，可說是當日參加講座諸先生、同學共同努力的成果。在這裡，讓我對毛高文校長、李亦園院長、杜正勝所長的幫助，使這一系列的演講有機會發表，表示衷心的謝意。

全漢昇

民國七十六年八月十一日

目次

上編
明清中外交通與貿易

第一講　中國與葡萄牙的交通與貿易

葡萄牙在十五世紀最後三分之一的時間，沿著非洲大西洋海岸探險，於一四八八年到達非洲南端的好望角，從此以後繼續探險，於一四九八年到達印度西岸加里庫特（Calicut），一五一〇年佔領果亞（Goa），一五一一年佔領馬六甲（一作滿剌加，即Malacca），一五五七年佔領澳門，一直到現在。葡人東航是在十五世紀最後三分之一時間，他們的活動開始發現由歐洲葡萄牙經非洲到亞洲的新航線，新航線長度約為一萬五千英里。在此半個多世紀之前，在十五世紀頭三分之一時間，中國由鄭和率領，從蘇州附近，太倉東北面的劉家港出發，橫渡印度洋，直達非洲赤道以南今日肯亞（Kenya）的地方。這條由亞洲到非洲的航線亦約為一萬五千英里，與葡人在五十多年後發現的歐、非、亞航路長短大致相同。

鄭和下西洋的航海規模遠比葡人為大。葡人共有三艘船，最大的一艘載重一百二十噸、長八十呎，其他二艘分別為一百噸與五十噸，共約一百五十人，如此而已。鄭和在永樂三年（一四〇五）至宣德八年（一四三三）共七回下西洋，最大的船為四十四丈四尺長，十八尺寬，大小船共二百六十艘、人數約共二萬七千人；船數為葡萄牙的九十倍，人數更高達一百八十倍。然而鄭和的航海只限於十五世紀頭三分之一時間，其後卻終止了，可是葡萄牙人在十五世紀最後三分之一時間的航海，卻繼續發展，在亞洲建立許多根據地，其商業網遍佈各國。兩者之所以有這樣的差異，乃是由於鄭和航海的目的，其政治性、軍事性，遠較經濟意義來得大。

明成祖與惠帝之爭的結果，成祖雖然佔領了南京，但惠帝卻失踪，成祖希望徹底地知道政敵惠帝的下落，故有人認為成祖要鄭和大規模的到東南亞各國活動，主要目的為偵查政敵的踪跡。另有一說法認為鄭和替成祖出使海外各國，使各國遣使朝貢，以增加他的威望。還有當時在中央亞細亞的帖木兒，在十四世紀末年統一察合台汗國（中央亞細亞），到十五世紀初又滅伊兒汗國（波斯），到了永樂二年（一四〇四）十一月決定東征明帝國，可是到一四〇五年二月帖木兒卻在出征路上身死，計畫終止。明政府可能有感於來自中亞的邊防威脅，故派遣鄭和出使東南亞，到印度與印度鄰近的國家，謀求在外交上訂立同盟來對付帖木兒。

無論如何，鄭和下西洋的政治意義比較大，是很明顯的。但是他的航海規模既然遠比葡人為大，花的錢自然很多，故明政府可能感受到經濟財政的壓力，於宣德年間終止大規模的海上活動。此外當日蒙古人在長城以北還繼續維持強大的軍事力量，對明帝國構成威脅，因此成祖遷都北京，把中央政府設在國防第一線，好讓皇帝能夠親自直接指揮軍隊來對付強大的敵人。因為明政府要集中力量來對付強大的蒙古，對東亞、南亞的海上發展便不再積極進行，所以原由鄭和開闢的亞、非航線便終止活動，這是可能的解釋。還有一種說法是，當時鄭和所到的非洲，經濟比較落後，商業不發達、市場不大，獲利也不多。另一方面，葡萄牙人於十五世紀末到東方，他們的航海規模遠不及鄭和，然而他們的經濟利益卻很大，收穫非常豐富；他們於一四九八年到加里庫特，於一四九九年回葡萄牙，船上運回大量香料，在歐洲市場上賣價極高，出售後所得利潤為投資的六十倍。這主要因為土耳其人在一四五三年佔據君士坦丁堡，中斷了歐、亞貿易的必經之路，亞洲香料來源被切斷，歐洲市場上香料價格越來越高。因此在經濟上葡人發展歐、非、亞航線，是極有前途的；在另一方面，鄭和的航路卻沒有這樣大的經濟利益。

葡萄牙人到印度果亞（在今孟買以南）後，繼續往東發展，到達馬六甲，這是太平洋與印度洋之間的交通要衝，再往東便抵達中國沿海。在中國沿海經過多年的活動，葡人於一五五七年（嘉靖三十六年）便從中國取得澳門作為據點，發展東方貿易。當時中國因為大明寶鈔價值下跌，普遍使用白銀為貨幣，而中國銀礦生產有限，不能滿足需要，在求過於供的情況下，銀價上升。葡人發現從歐洲運白銀到東方，越往東價值越高，直到中國為止。同樣的銀子，在一五九二年及其後若干年內，在廣州一兩黃金只換五・五兩到七兩白銀，在印度果亞卻換九兩，而在歐洲卻換十二・五兩到十四兩白銀，故葡萄牙人自然會把大量白銀運到東方來。

明孝宗弘治五年（一四九二），哥倫布發現美洲新大陸。美洲西班牙殖民地中，如南美洲祕魯的波多西（Potosi）為當時世界最大的銀礦，一五八〇—一六〇〇年波多西白銀年產量高達二十五萬四千公斤，為當時全世界白銀生產量的六〇%多點。後來經過長期的開採，這個銀礦產量日漸減少，但自十七世紀末葉開始，墨西哥銀礦產量激增，又成為全世界銀產最豐富的地方。所以在十六、十七、十八世紀，全世界的白銀生產量中，美洲銀的產量，在十六世紀佔七三・二%，十七世紀佔八七・一%，十八世紀佔八九・五%。西班牙人投資採煉美洲銀礦，生產出來的白銀，自然大量運回祖國，有一部分是因為這是西班牙人在殖民地投資的報酬，一部分是西班牙政府以礦產稅的名義拿去，另一部分則因為在美洲的西班牙殖民者，需要購買歐洲的物資來消費，而用銀子來交易。據哈密爾敦（Earl J. Hamilton）在一九三四年出版的一本書中的記載，西班牙港口在一五〇三—一六六六年間從美洲大陸共輸入銀一

六、八八六、八一五公斤，金一八一、三三三公斤，就價值來說銀是金的三倍。但這只是官方登記的統計數字，走私進口的約為此數的一〇％—五〇％。

由於自美洲長期大量進口白銀，而銀是當日流通的主要貨幣，西班牙本國的物價自然蒙受影響而高漲，十七世紀頭十年西班牙的物價，平均約為十六世紀頭十年的三、四倍。歐洲其他國家的物價卻遠較西班牙為低，因此其他國家的貨物大量運往西班牙出售獲利，使西班牙貿易因入超而輸出白銀。最靠近西班牙的葡萄牙，自然向西大量輸出貨物，把西班牙人手中的銀子賺回本國。

葡萄牙人除了因地理上和西班牙比較接近而獲利外，他們又在亞洲把香料運回歐洲，控制了歐洲各國的香料市場。葡人把大量香料賣給西班牙，自然換來鉅額的白銀。

除此之外，葡萄牙人還有賺取西班牙銀子的方法，就是從事奴隸貿易。西班牙人到達美洲大陸後，把歐洲的傳染病菌也傳染給美洲土著，如天花、傷寒、霍亂、斑疹傷寒等，使美洲土著大量死亡。墨西哥中部的印第安人在一五一九年共有二千五百萬，到一五九五年只剩下一百三十多萬，光是一五七六年的瘟疫便使印第安人死亡達四〇％—五〇％。有人估計在十六世紀八十多年中，中、南美洲連附近海島在內，印第安人死亡達五千萬；在十五世紀的九十年代美洲土著原比歐洲人口還要多，佔當時全世界人口二〇％，可是一百年之後只佔三

%。

由於美洲原有人口的大量死亡，西班牙人在新大陸便遭遇到勞動力不足的問題，到處出現無人耕種、開發的荒地，不得不從非洲購買黑奴來增加勞動力的供應。在十五世紀葡萄牙人沿非洲西岸探險，他們在那裡有好些據點可以收購黑奴運往美洲，使西屬美洲的礦場、牧場獲得充足的勞力。一五八〇—一六四〇年葡萄牙王位由西班牙國王兼攝，因為葡王於一五八〇年逝世後，沒有承繼人。葡萄牙人在政治上既然失去獨立地位，西班牙王為著要補償他們的損失，特准葡人從事奴隸貿易，把西非黑奴大量運往美洲出售獲利。當時在美洲大陸，就墨西哥來說，一個奴隸可賣四百西班牙銀元（簡稱西元，peso），在祕魯的賣價為五五〇西元。在十六世紀最後二十五年，非洲西部安哥拉（Angola）每年約輸出黑奴二萬三千人，平常也有一萬至一萬五千人輸往美洲各港口。這些黑奴貿易，由葡萄牙商人（尤其是葡籍猶太人）經營，故葡人自西班牙人手中賺到不少銀子。

葡人自西班牙人手中賺到鉅額白銀後，發現由歐洲把銀運到東方來，價值比在西方高，故把大量白銀運往亞洲。在十六世紀八十年代，每年約有一百萬「篤卡」（ducat，共約三萬二千公斤白銀）運往遠東。到澳門後，葡人到廣州收購絲綢、生絲等貨物；另外也有中國商人把貨物運到澳門賣給葡商。在一六〇〇年前後，葡萄牙商船由澳門開航往果亞，每船有白色生絲一千擔、絲綢一萬二千疋（每疋長五碼）、黃金三—四擔，此外又有大量麝香、水銀、硃砂、糖、樟腦、黃銅、茯苓、陶瓷器等。在廣州每擔生絲售銀八十兩，而到了印度卻可賣二百兩一擔，可見其利潤之高。其中樟腦約二百擔由果亞全部轉運回葡國，生絲也有一部分運葡，其餘貨物則大部分在印度出售。當時在印度西岸的果亞是葡萄牙人歐、亞貿易的重要根據地，故有不少中國貨物轉運往歐洲。在一六〇三年荷蘭海軍擄獲一艘自澳門開往果亞的葡萄牙商船，船上貨物後來運回荷蘭阿姆斯特丹出售，換取了三百四十萬荷盾，約相等於五百七十萬銀元。

位於印度洋與太平洋間的馬六甲，是澳門和果亞間葡萄牙商船必經之路，但在葡人佔據一百三十年之後，荷蘭海軍把葡人打敗，於一六四一年佔領馬六甲。此後葡國在澳門、果亞間航行的商船，路經馬六甲海峽時，便常常受到荷海軍的阻擾，從此澳門、果亞間的貿易便日漸衰落了。

葡人於一五五七年佔據澳門後，又向北發展對日本長崎的貿易。在嘉靖（一五二二—一五六六）年間，日本海盜（倭寇）在中國東南沿海騷擾，明政府禁止中國商人從事中、日貿易，可是澳門葡人收購中國貨物運往日本長崎出售，明政府卻無從禁止。因此葡萄牙商人以澳門為根據地，乘機發展中國與日本間的貿易，而中國商人欲與日本貿易，只有走私一途，而走私是違法的，風險非常之大。由於這種特殊情況，澳門葡人將中國絲綢、生絲等日本人亟需的中國貨物運往日本高價出售，自然賺取鉅額的利潤。葡人運輸往日本的貨物與運往果亞的有些相同，如白色生絲，各種顏色的生絲、絲綢、黃金、麝香等，除此之外中國藥材如大黃、甘草、茯苓等，也大量運往日本出賣。中國藥材如大黃，在澳門以二·五兩一擔收購，但在日本卻以五兩一擔出售；甘草每擔在澳門售銀三兩，到了日本則為九至十兩；陶瓷器、水銀、錫、絲、糖等差不多都是這樣。

在十六、十七世紀，日本是銀礦生產比較豐富的國家。一六一八－一六二七年，日本一銀礦名佐渡銀礦，每年繳納三十噸白銀給政府作為礦產稅，相當於三分之一至二分之一的生產量，因此佐渡銀礦每年起碼生產六十至九十噸白銀；另一個銀礦名生野銀礦，在十六世紀末，每年向豐臣秀吉繳納稅銀一萬公斤；十七世紀初，岩美銀礦每年繳納給德川家康一萬二千公斤的銀子。日本銀礦產量既然這樣豐富，葡萄牙商船把中國貨物運往長崎出售，自然把大量銀子運輸出口，在一五九九－一六三七年總共輸出銀五千八百萬兩。葡船每年運出銀：一六三五年，三艘船輸出銀一百五十萬兩；一六三六年，四艘船輸出銀二百三十五萬兩；一六三七年，六艘船輸出銀二百六十萬兩；一六三八年，輸出銀一百二十五萬兩。其中大部分都可能轉運入中國，以便購買中國貨物。因此除了美洲白銀外，日本白銀也為中國所吸收。

但一六三八年以後葡萄牙船再不能從事對日貿易，因為一六三七年日本基督教徒發動叛變，葡萄牙耶穌會教士也牽涉在內。葡國耶穌會士隨著澳門、長崎貿易的發展，到日本傳教，傳教的成績很好，但卻為信仰神道或佛教的日人所激烈反對，他們認為日本教徒聽從歐籍神父的話更甚於政府，於是發生衝突。一六三七年日本基督教徒發動叛亂，政府於一六三八年派兵平定，發現葡萄牙神父牽連在內，故從一六三九開始禁止葡船由澳門前往長崎貿易。

葡萄牙人雖然失去中、日航線的財路，幸而在此之前澳門葡人又已開闢另外一條商業路線，前往菲律賓貿易。菲律賓自一五六五年開始由西班牙人佔領，西班牙與葡萄牙本來互不相容，但在十六、十七世紀之交荷蘭人開始到東方來從事海上活動，而荷蘭海軍力量強大，西班牙與葡萄牙必須合作纔能應付。同時一五八〇年葡王位由西班牙兼攝，使西、葡合作變成可能，故澳門葡萄牙人乘機大量運輸中國貨物到菲律賓去賣。荷蘭海軍勢力強大，曾於一六二二年自東印度出發，欲以武力攻佔澳門，可是葡人卻以逸待勞，擊敗了遠道來攻的敵人。據說葡人利用黑人作戰，出戰前先給黑人喝酒，使他們勇不可當，把敵人打敗。同時，葡軍的砲彈擊中了荷蘭的軍火船，以致荷軍被迫撤退。基於唇齒相依的情勢，西班牙與葡萄牙不得不合作對付強大的敵人荷蘭。另一方面荷蘭也欲佔領菲律賓，故用海軍封鎖菲島，中國商船也被禁止運貨赴菲。荷蘭人在一六二四年佔據台灣，以台灣南部為根據地，攔阻由福建出海到菲律賓的中國商船，這樣卻使葡萄牙人在澳門到菲律賓的航線上從事貿易較為理想，因為台灣距離澳門較遠，荷人較不易攔阻。因此雖然在一六三八年後不能再經營對日貿易，葡萄牙人還有機會發展澳門、馬尼拉間的貿易。

在菲律賓的中國商人，因為可以賺到西班牙人自美洲大量運來的銀子，到菲律賓的人數大為增加，相對之下西班牙人卻顯得較少。西班牙人恐怕他們對菲律賓的統治受到威脅，因此在一六〇三年及一六三九年，兩次和中國人衝突，一六〇三年華人在菲律賓被殺的超過二萬五千人，在一六三九年也有二萬多人被殺。由於中、西衝突，開往菲律賓的中國商船自然大減，但西班牙人卻亟需中國貨物輸入菲島，再轉運往美洲，以便維持太平洋航線的營運。澳門的葡萄牙人遂乘機大量運送中國生絲、絲綢等到菲律賓去，售給西班牙人。根據馬尼拉海關的統計，在一六一一—一六一五年入口關稅中，向中國貨物抽的佔九一・五%，可以想像中國貨物與菲律賓關係的密切，而此時貨物主要由中國大陸運出。可是到了一六四一—一六四二年中國貨物佔馬尼拉入口關稅總額的九二・〇六%，而其中五〇・〇六%由澳門運出，大陸直接出口的只佔五一・五%，可見葡萄牙人以澳門為據點來發展中、菲貿易的情況。

總括上述，可知中國進口的白銀，一部分由美洲新大陸運到西班牙，再由葡萄牙人賺取之後轉運到中國來；另一部分由西班牙人自美洲運往菲律賓，再由葡萄牙人運到澳門，然後流入中國，也有一部分是由葡萄牙人自日本運往澳門，再運入中國。

討論：

問：葡萄牙人在東方經營貿易，曾稱霸一、兩百年之久，是什麼因素使其在後來卻為英國、荷蘭等取代？

答：一六四〇—一六四一年馬六甲失守，為荷蘭人佔領，但在此之前的一百三十年都是葡萄牙人的根據地。可是十七世紀初荷人海軍比葡強大，好望角航線雖為葡獨佔，但因荷蘭船性能好，可遠航，不必靠近好望角的航線，而靠南邊走避過葡萄牙勢力到達荷屬東印度。

問：除了地理上因素之外，是否還有經濟上的理由？有一本書的記載，因葡萄牙主要征收殖民獨佔稅，葡人不願付，故走私從荷蘭或歐洲北部入口。

答：荷蘭是一個商業國家，葡萄牙、西班牙及其殖民地均需要許多商品，如航海用的帆等，都須由荷蘭人供應，因此西、荷貿易中荷蘭大量出超；在十七世紀每年有三十至五十艘荷蘭船開到西班牙的港口，把它的銀子運走。有人估計每年從美洲運到西班牙的白銀，有一五%—二五%馬上為荷蘭船載走，有人甚至估計荷船運走的銀子高達五〇%。

問：當時的貿易中，中國除了白銀外，還有沒有其他貨物的需要？當時的中國人是否也有重商主義的傾向？

答：中國商人除了進口白銀外，胡椒的進口也很重要，一船一船好幾百擔的進口。另外象牙、燕窩也是進口的商品，但以價值來說還是以銀為最重要。根據張燮（東西洋考），當時中國海關征收一種稅，名加增稅，因為從菲律賓回到福建月港（海澄縣治）的船，裡面所運的貨很少，銀卻很多，故海關要向每船抽一百五十兩的加增稅；（天下郡國利病書）亦有類似記載。中國在有形無形間應該有重商主義的經濟思想，如銀在中國市場購買力高，中國商人大量輸出貨物以輸入更多的銀子，銀進口之後便很少再出口。和旁的國家比較起來，當時中國經濟發展的程度的確比較好。如西班牙本土也出產蠶絲，但運到美洲殖民地出售，其售價卻為中國產品的三倍；可見中國工業產品在國際市場上的競爭力非常之大。重商主義者認為貨幣就是財富，而貨幣主要是銀，中國大量輸入銀，可說是重商主義的政策之一。

問：中國當時商業發展不錯，何以沒有殖民主義出現？葡萄牙航運貿易利潤極高，何以中國人不自己來做？

答：當時在澳門與果亞之間的船主要是葡萄牙船，因為葡據馬六甲及果亞，可以把貨物運回歐洲出賣。而鄭和只到達非洲，但非洲土人購買力低，亞、非航路的經濟價值不高，故政府不再支持，後來雖有私人出海貿易，政府也不鼓勵。另一方面葡船載重一千二百至一千六百噸，且有厲害的砲火保護航行於印度洋及太平洋上，中國的商船就沒有這樣的條件。至於殖民主義並不是一個簡單的問題，牽涉及政治、經濟等等複雜問題。

第二講　中國與西班牙的交通與貿易

一四九二年，即明孝宗弘治五年，由西班牙政府資助，哥倫布從西班牙出發，橫渡大西洋，發現美洲新大陸。哥倫布原來的目的地是中國，因為在十三世紀義大利旅行家馬可孛羅曾到中國遊歷，他回國後寫成（馬可孛羅遊記）一書；此書出版後影響很大，因書中提到中國的財富非常豐盛，引起歐洲人前往中國的興趣。例如該書說中國人燒開水，只要在地上把黑石一燒便成，因為十三世紀歐洲對煤的使用還不普遍，對於中國人用煤感到很稀奇。中國人用煤有相當長久的歷史，過去山西東部便有女媧煉石補天的神話，所謂煉石就是用石炭（煤）作燃料，而山西東部正是煤礦儲藏豐富的地方。歐洲較早用煤的國家是英國，在一五四〇—一六四〇,因為普遍用煤而引起的工業方面的進步,曾被稱為「早期的工業革命」。在（

馬可孛羅遊記」中還指出中國的大汗（蒙古皇帝）非常有錢，隨便用一張紙，上面打一個印，便可在市場上買東西；這就是鈔票的使用。其實鈔票早在宋真宗（九九八—一〇二二）時已在四川使用，但普遍使用還是在元朝開始，這時歐洲人還不知道使用這種信用貨幣。

由於馬可孛羅的影響，往後歐洲人向外發展時，總希望能到中國。當時歐洲人已相信地球是圓的，所以當葡萄牙人向東航行欲到中國時，西班牙人卻向西航行，認為也可到達中國，不過事實上哥倫布到的是美洲，但後繼的人仍航向東方。西班牙人於一五六五年以墨西哥為根據地，橫渡太平洋，開始佔領菲律賓。

西班牙因為要加強帝國內部的統治，而當時他們以墨西哥為據點來統治菲律賓，需要加強菲律賓與美洲之間的聯繫，故以大帆船（galleon）航行於美洲與菲律賓之間。此種船載重小的是三百噸，大的一千多噸，最大的二千噸，船由墨西哥港口阿卡普魯可（Acapulco）出發，沿太平洋南邊向菲律賓航行，為時八至十星期。在菲律賓停留一段時間來裝卸貨物，然後回航。但因風向關係北走，經過北太平洋，沿加里福尼亞往南回墨西哥，為時四至七個月，看氣候而定。這種大帆船每年有一至四艘來回航行，而以二至三艘為最多。因為西班牙大帆船航行於美洲與菲律賓之間，當時太平洋曾被稱為西班牙湖。

由美洲開往菲律賓的船，載有各種不同的美洲物產，但以白銀的價值為最大。美洲銀礦產量，自十六世紀大量增加，銀的價值相對的降低；而在太平洋另一端的中國，銀的價值卻非常昂貴。明朝政府於洪武八年（一三七五）發行大明寶鈔，但到了明中葉前後，由於發行量激增，價值低跌，人民拒絕使用，而改用白銀來交易。為著要維持寶鈔的價值，政府一度禁用銀為貨幣，然而民間還是繼續保留銀子而拒絕用鈔。到了英宗正統元年（一四三六）政府改變政策，征收「金花銀」，規定在長江流域及長江以南水道交通不便的地方，人民用銀代替實物來繳納田賦，每四石米、麥改用一兩銀子來繳納，稱為金花銀；此後政府每年得到一百萬兩多點銀子的收入。政府征收金花銀，有一必需的條件，就是准許人民用銀作為合法貨幣，假若不許農民賣米、麥換銀，何來白銀交稅？因此一四三六年金花銀的征收，表示自這年開始白銀成為合法貨幣。這種情形一直至民國二十四年（一九三五）纔發生變化，因為是年中國取消以銀為法定貨幣的資格，改由中央銀行、中國銀行、中國農民銀行及交通銀行發行法幣，銀子必須換成法幣才能在市場上交易。故中國使用銀為貨幣，約五百年之久。

中國在明中葉前後開始普遍用銀作貨幣，對銀的需要大增，然而中國銀礦產量有限，不能滿足用作貨幣的需要，由於供不應求，銀在中國的價值特別高漲。來往於菲律賓與美洲之間的西班牙大帆船，把太平洋東西兩岸兩個銀子價值不同的地區聯繫起來：美洲銀多而價低，中國銀少而價高，西班牙大帆船便以菲律賓為媒介來加以聯繫。當時菲律賓因土著文化水準低下，經濟落後，西班牙人在菲島日常生活的消費品，不能從當地得到滿足；但距離菲律賓約六至七百英里的中國，物產豐富，故有不少中國商船由廣東、福建開航往菲律賓，把貨物賣給西班牙人。除了生活消費品外，尤其重要的是西班牙大帆船回航美洲時，必須找到較高價值的商品運回出售，始能使大帆船在太平洋上繼續航行，長達二百五十年之久。這種商品在菲律賓找不到，雖然菲律賓也有些物產如麻，但價值低下，如大量運往美洲出賣，因銷路不好，賺不到錢。在這種情況下，西班牙人發現中國商人運來的生絲及絲綢，若大量運銷美洲，可獲得不少利潤，同時這些商品也可負擔遠程的運費，故每艘大帆船自菲島回航時，都載滿生絲、絲綢等貨物。於是中國江、浙太湖地區生產的絲與絲織品大量外銷，換到了不少銀子。銀與絲遂成為西班牙大帆船在太平洋上長期航運的主要商品。

在十六、七世紀，秘魯波多西是當日全世界銀礦生產最豐富的地方。此地海拔四、一〇〇公尺，比西藏拉薩還要高六六〇公尺。因為地勢高，故開礦排水沒有問題，同時這個銀礦的礦砂含銀高達五〇%，地面礦脈長九十公尺，寬四公尺，因為露出地面，故開採比較容易。一五七五年以後二十五至四十年間，此地銀產佔全世界銀產量二分之一或更多。出產的銀大部分運回西班牙，不過到西班牙帝國擴展至菲律賓以後，情況有了改變；因為西班牙人發現銀運來東方之後，購買力更大，故運到菲律賓來與中國商人做買賣。在西班牙人到達菲律賓二百年後的一七六五年，有一西班牙官員指出：過去自美洲運到菲律賓的銀子超過二萬萬西元，然而當日仍然留在菲律賓的只有八十萬西元，毫無疑問這些白銀大部分都流到中國去了。另外有一估計，從一五七一（明隆慶五年）至一八二一（清道光六年），前後二百五十年，自美洲運到菲律賓的銀子共約四萬萬西元，其中有二分之一流入中國；但這項估計可能仍然偏低。法國歷史學家布勞岱（Fernald Braudel）所著的The Wheels of Commerce（N. Y.: 1986）引用兩位法國學者的研究，其中一位為杰特（J. Gernet），認為在一五二七—一八二一之間美洲出產的白銀，至少有二分之一流入中國；另一位為索魯（Pierre Chaunu），則認為可能是三分之一，而非二分之一。布勞岱說美洲白銀大量流入中國是可以相信的，因為同樣一兩黃金，在美洲換到的銀子，約為在中國換到的兩倍。

西班牙人自美洲運銀往菲律賓，可以購買大量的中國商品。菲島西人雖然有時和中國人發生衝突以致貿易停頓，但仍有葡萄牙人作中介來經營中菲貿易，故銀子長時期大量流入中國是沒有問題的。有感於美洲白銀通過菲律賓大量運往中國，在一六三八年有一位西班牙海軍軍官說：「中國皇帝能夠用來自祕魯的銀條來建築一座宮殿！」另一位義大利旅行家，在十七世紀曾記載：「中國商人曾稱呼西班牙國王為『白銀之王』。」但此說在中國的記載中找不到證據。

由於美洲白銀的大量輸入，中國國內銀的流通量自然激增，故明中葉後國內各地市場上能夠普遍用銀作貨幣，政府能夠廢除實物租稅和徭役，而改為實行以銀納稅的一條鞭法。

十六、十七世紀是歐洲重商主義盛行的時代，重商主義者認為貨幣就是財富，而當時貨幣以白銀為主，可是白銀卻大量運往東方去。在一五九一——一六〇〇年，每年由美洲運回西班牙的銀子（內有一小點黃金），約為七百萬西元，可是到一六五一——一六六〇，每年運回西班牙的，只有一百萬西元左右；此種銀子運回西班牙減少的情況，原因有許多，如美洲銀礦長期開採，產量自然減少，或銀礦越掘越深，運出礦砂的運費增加等等，都會影響銀產量的減少。還有西班牙在美洲的殖民地，經濟自行發展，貨幣流通的需要也增加，故好些銀子被留在美洲，沒有運回西班牙。但當時的西班牙輿論卻認為，銀子大量運到中國，是運回西班牙的銀子減少的主要原因，西班牙人認為長此下去，對西班牙很不利；因此有人建議放棄菲律賓，免得白銀繼續大量流入中國。另有些人要求以菲島與葡萄牙人交換巴西，因為當時美洲大部分土地屬西班牙，只有巴西為葡屬，故主張以菲律賓換巴西。又有人建議把航行於菲律賓與美洲之間的大帆船航線取消。這些建議當然沒有辦法實行，因為有好些西班牙人主張保留菲律賓。在軍事方面，西班牙人認為在太平洋上，菲律賓可作為西屬美洲的前哨，若太平洋有敵人攻打美洲，菲律賓可保衛其安全。當時菲律賓的西班牙傳教士，以多明尼哥派為主，他們認為要以菲律賓為據點，把天主教教義傳播給東方各國，不應放棄。無論如何，菲律賓還是保留作西班牙殖民地，直至一八九八年美國佔領菲律賓為止。

上述美洲白銀之所以流入中國，主要由於中國絲貨向美洲大量輸出。在一六三六年以前，每一艘船從菲律賓回航美洲，載有三百至五百箱的絲織品，但到了一六三六年，有一艘船的絲織品超過一千箱，另一艘多至一千二百箱。每一箱的容量，以一七七四年的船為例，有緞二百五十匹、紗七十二匹，重二百五十磅；另有些箱子載長統絲襪或番襪一千一百四十二雙，重二百三十磅。一五八七年正值英國與西班牙交戰時期，由英國加文迪士（Thomas Cavendish）統率的希望號船，在加利福尼亞附近海洋上和一艘西班牙大帆船交戰，結果西船戰敗，船中載運的中國絲綢等物，成為英人的戰利品。英船於翌年（一五八八）回航英國，英女王伊利沙白一世曾上船參觀，對船上華貴的中國絲織品印象非常深刻。這艘船的貨物在馬尼拉約值一百多萬西元，若運到墨西哥出售則可獲銀二百多萬西元，剛好是雙倍價值。

當時美洲西班牙人所穿的衣服，以及僧侶的法衣，都用中國絲綢來縫製。隨著中國絲綢運美數量的增加，價格下降，連黑人、印第安人、窮人都可以買得起；在美洲的炎熱低地，印第安人更喜歡用中國絲綢來做衣服穿，因為西班牙法律規定，一定要穿衣服，不能裸體。當然中國的絲綢運到美洲後，也有一小部分轉運到西班牙去賣。

中國生絲運到美洲出賣，在墨西哥加工製造成絲織品。一六三七年有一報告指出，墨西哥因用中國生絲加工織造，而得到就業的人數，高達一萬四千多人。

中國絲綢由於生產成本低廉、售價便宜，在美洲市場上給予西班牙製造的絲綢以嚴重的威脅。西班牙南部生產蠶絲及絲織品，運到美洲殖民地出售，可是在十六、十七世紀，在祕魯市場上，同樣的絲綢，西班牙產品的價格昂貴到為中國的三倍。由於中國絲綢便宜，在美洲市場佔有優勢，西班牙絲綢便沒有銷路，結果西班牙的絲織工廠被迫停工減產，工人失業。當日中國絲織工業的生產技術比較進步，生產成本比較低廉，故能遠渡太平洋，到西班牙的美洲殖民地，打倒西班牙的產品。這種情況，在西班牙自然引起輿論的反對。因為向美洲輸出的中國絲貨對西班牙經濟的影響非常嚴重，有人提議禁止中國絲貨運往美洲出賣。可是菲律賓的西班牙人提出反對，因為只有中國絲貨才能使大帆船航線經營獲利，以加強西班牙帝國內部的聯繫；西班牙政府折中辦理，只好限制中國絲貨自菲輸美的數量，然而菲律賓與墨西哥的西班牙官員因為有利可圖，還是縱容商人超額運絲到美洲，並沒有嚴格執行。

中國的蠶絲工業有長時期發展的歷史，而西班牙的絲織工業卻因受當時物價革命的影響，物價上漲，工資增加，從而生產成本提高。另外也因西班牙本國原有天主教徒與回教徒，但天主教的西班牙政府驅逐回教徒出境，而西班牙回教徒原來大部分都是工業技術人員，把他們趕走，技術人才缺乏，工資自然提高，生產成本也跟著增加，故不能在美洲市場上和中國產品競爭。

由於中國絲貨的大量輸入美洲，西班牙人在一五九二年，由菲律賓運到美洲貨物的價值，超過從西班牙運到美洲。西班牙派遣哥倫布探險因而發現美洲，美洲大部分是西班牙殖民地，兩者的貿易關係當然密切，然而從一五九二年起情形顯然改觀；也就是說，由菲律賓轉運到美洲的貨物價值，超過由西班牙運輸美洲的價值，太平洋航線的價值大於大西洋航線。

西班牙政府，由於對中國絲貨運輸美洲的限制沒有成功，又設法限制祕魯與墨西哥之間的貿易；因為祕魯銀礦生產豐富，人民購買力高，而大帆船到達墨西哥時，祕魯人便到墨西哥大量購買中國商品。因此西班牙政府禁止祕魯船到墨西哥大量收購中國貨物，免得後者銷路太大。祕魯也曾派船到菲律賓，直接購買中國商品，可是西班牙政府加以禁止，只准大帆船航行於菲律賓與墨西哥之間，免得競爭購買中國絲貨，提高其價值，或使其銷路更大。雖然如此，中國的絲貨，由明中葉到清中葉，即由十六到十八世紀末，還是在這條航線上大量運往美洲出賣。

在一五五七年葡萄牙人已佔據澳門，而西班牙人到一五六五年纔開始佔領菲律賓。葡人以澳門為據點，要壟斷中國絲綢貿易，故當西班牙船到達中國沿海，欲建立據點的時候，澳門的葡萄牙海軍便使用武力驅逐西班牙人，因此西班牙大帆船只能在菲律賓與墨西哥之間航行，不能繼續西行至中國，來與中國直接貿易。菲律賓與中國貿易的中間角色，只好由中國與葡萄牙商船負責，菲律賓變成轉運的港口。隨著中國絲綢及其它貨物向菲律賓輸入的增加，在菲律賓的華人也越來越多，在一六〇三年被殺的有二萬五千人之多。這些中國商人在馬尼拉居住的地方稱為Parian，西班牙文即「生絲市場」之意，在中國又稱為「澗內」、「八聯」，相當於唐人街。由此可以想像到中國大量生絲運到馬尼拉，在此地交易的情形。

西班牙人在菲律賓經營中國絲貨，輸往美洲，利潤很大。利潤約為投資的一〇〇%～三〇〇%，有時據說高達一〇〇〇%，因為從事絲貨貿易獲得這樣高的利潤，除了在菲律賓的西班牙人外，祕魯人、墨西哥人也爭著到菲律賓市場收購絲貨。祕魯人與墨西哥人既然在那裡競爭收購絲貨，利潤自然降低，使中國絲價提高，運回美洲後利潤降低至不足一〇〇%。在菲律賓殖民的西班牙人，當然反對祕魯人與墨西哥人到菲律賓來和他們競爭。因此西班牙政府規定不准祕魯人與墨西哥人到菲律賓從事貿易；菲律賓的西班牙人恐嚇西班牙政府：假若祕魯人與墨西哥人再來，他們便放棄菲律賓。同時西班牙政府又規定，任何人到菲律賓，必須有人擔保他在殖民地居留八年，或成為殖民地公民，免得他們只到菲律賓作生意往來。

在漢朝左右開始，中國與羅馬帝國間的歐、亞陸路，號稱絲綢之路；我們可以把它和以菲律賓為媒介的中國與美洲間的海上絲綢之路作一比較。當日的陸上絲路，由中國西北長安出發，經過河西走廊，到新疆、中亞，最後到地中海沿岸，經過廣大的沙漠、高山、草原，雖然也有部分在到達波斯灣後再由水路及陸路前往羅馬帝國。在沙漠上有三十匹駱駝的駱駝隊，一共運載九噸商品，但駝步甚慢，故陸上絲路貿易由於運輸量小，輸出也很有限，因此西方史家在說到羅馬帝國的衰敗時，提及中國絲綢在市場上出賣，絲與黃金價值相同，一磅黃金換一磅絲。據說凱撒穿一件用中國絲綢縫製的衣服，曾被批評為太過奢侈。所以由於交通困難，運輸成本高，貿易規模很小。十五—十六世紀新航路發現後，海上絲路規模遠大於陸上絲綢之路。每一艘西班牙大帆船由三百至二千噸重不等，運輸絲綢的數量當然非常之大，而且海運運費比較便宜，再加上中國過去蠶絲工業發展，生產技術進步，成本低廉，以便宜的價格大量運銷於美洲市場上，使絲綢成為美洲大多數人生活的必需品。這和羅馬帝國時代的陸上絲路顯然有天淵之別。

討論：

問：㈠大明寶鈔是否法幣？

㈡在大量輸入白銀後，中國的銀價有否下跌，或造成不穩定的情形？

㈢西班牙曾討論是否應放棄菲律賓或中國貿易，而在中國有否類似的辯論？

答：大明寶鈔是法幣，從洪武八年便開始發行。事實上中國在宋真宗時已發行交子，在四川流通。大明寶鈔的問題是出在，發行沒有限制，收回有限制。黃仁宇先生從〔明實錄〕中指出，在洪武二十三年（一三九〇）一年的記載，寶鈔的發行量比收回量大得多，約為七千五百萬貫之差，故紙幣不斷貶值。原來一兩銀子換一貫大明寶鈔，一百年後一兩銀子換一萬貫有多的大明寶鈔。

銀在明代中國的需求非常之大，雖然在雲南、福建、浙江都有銀礦，但產量不豐；如以銀課為例，在明武宗時，每一年銀課等於同時期在祕魯一星期的銀礦產稅，而祕魯只按銀礦產額抽五分之一，中國則抽三〇%，可以想像中國銀求過於供的情形。另一種比較銀礦生產的方法，從銀礦的礦砂中可分辨是富礦還是貧礦，祕魯的礦砂可提煉五〇%純銀，中國銀礦根據〔皇明經世文編〕的記載，在河北、浙江，好的礦砂含二—三%純銀，不好的只有〇・〇七五%，遠遠不及美洲銀礦的礦砂。由於本身的產量不足，故外來的銀越多越好，銀並沒有因此而降低價值。但到了明末因流寇的關係，在某些地區生產不足，運輸困難，故物價較高，但這不是常態；另一方面明末遼東發生戰亂，運輸困難，運費也高，故物價上漲，銀的購買力相對的低，但這是一個特例。

中國方面沒有應否輸入白銀的辯論。如在十六世紀在菲律賓發生中、西衝突，華人被殺二萬五千多人，明政府也不敢對西班牙作任何反抗，即使公文來往也只是說一些不著邊際的話，絕沒有出兵之意；幾年之後，由於利之所在，中國商人又復出海。到一六三九年又發生衝突。據說中國人誤傳菲律賓種有金樹、銀樹，中國官員還去調查，以致引起了一六〇三年的衝突。有些文獻記載，銀在十六世紀的價值為二十世紀初期的十倍，故購買力極高。

問：在十六至十八世紀中國透過西班牙進口大量白銀，而明中葉改用金花銀交稅，進口白銀與此制度改變是否有直接關係，還是只是比較間接影響？

答：中國進口白銀並不限於菲律賓，還有日本；葡萄牙船曾到長崎作貿易，另一方面日本與朝鮮也有銀礦，據〔朝鮮實錄〕記載，朝鮮也有銀運往中國。清代在安南、緬甸也有銀產，在十六、十七世紀外國的銀到了中國便不再出口。

問：中國在江南蘇、杭一帶，及廣東、福建的絲織品出產很多，但有否總量的統計？與運到美洲的總量比較又如何？

十六、十七世紀中國與美洲貿易，與刺激江南的興盛，在量計上呈現的關係如何？西班牙國內曾有關於與中國貿易的爭論，其結果為何？因為可能對江南的興盛會發生影響。

答：中國在江南地方的發展，主要原因是蠶絲業特別發達。因以太湖為中心的廣大地方有蠶絲生產，在受到對外貿易的影響後，便大量出口，換得大量白銀，致使地方富裕起來。

在爭論與中國貿易上，分成在殖民地的西班牙人與在西班牙的本土派，兩派意見不同。西班牙政府折中處理，在一七二〇年也曾明令禁止中國絲貨運往美洲市場，但殖民地官員並不嚴格執行，有所謂「服從但不執行」。在西班牙國會中有人說，每年有一萬至一萬二千包生絲運到美洲，每包有多少不知，據說中國商人善於包裝，每包重量很大，可能一包有一擔重，當然其中可能有些是棉織品，但一年一萬擔絲運銷的數量，已相當可觀。鴉片戰爭後五口通商，生絲大量由上海出口，增加很多，每年多至好幾萬擔。

問：大明寶鈔貶值時，物品相對於銀子的價值是否同樣會貶值？

答：用銀來表示的物價，比較低廉。故中國商人可以較低價格賣給西班牙商人，當時記載菲律賓的絲價是廣州的雙倍。另外又有記載，有時馬尼拉的絲價為廣州的五倍。

問：一六三九年，明政府改成收金花銀，銀作為通貨，但中國本身銀產不足，何以會出現以銀為貨幣的觀念？

答：明政府於一四三六年開始准許用銀子作貨幣，但明政府一年田賦總收入是二千至三千萬石米麥，只有四百萬石換成金花銀，在初期比例並不高。到萬曆九年張居正推行一條鞭法，才普遍用銀納稅。所以用銀是一步步來的，據明地方志記載，各地政府每年的收入，銀的徵收越來越多，米、麥則漸漸減少。

第三講　中國與荷蘭的交通與貿易

在開始談今天的講題之前，我希望能對上回的講演作幾點補充說明：

㈠過去大家只注意到中國與美洲的貿易，是從一七八四年美國船「中國皇后」號，由紐約開到廣州的時候開始。船上載運有西洋蔘、檀香、皮草、銀等，而由廣州回紐約則以載運茶葉為主，當時是美國獨立革命成功後的第二年。因為由美國運來的商品，有好些都是中國非常需要的，例如皮袍用的皮草，因此價值很高，還有西洋蔘是補品、檀香作為祭神用，故美國商人獲利很大，以後中、美貿易也就發展起來。然而根據前日的討論，在十六、七世紀，中國與西屬美洲的貿易，已經以菲律賓為轉運站而發展起來，換句話說，中國、美洲間的貿易，在一七八四年「中國皇后」號來華之前，已有二百多年的歷史。

㈡為什麼西班牙每年要用大帆船航行於墨西哥與菲律賓之間?其主要理由在於,由歐洲經南非好望角東來的航線為葡萄牙人發現,葡人要壟斷這條航線,因此西班牙人佔領菲律賓後,不敢使用好望角航線,以避免與葡萄牙人發生衝突,而改由墨西哥橫渡太平洋前往菲律賓。

㈢當時西班牙大帆船把美洲白銀運往菲律賓,以私人或商人運輸為主,但官方亦有不少銀子運往。當時菲律賓為西班牙佔領,但別的國家對菲律賓也有野心,如日本及後來的荷蘭。西班牙政府為著要保衛菲律賓的安全,不得不運輸大量銀子赴菲,作為加強軍事防衛設施之用。

㈣中國絲貨由菲律賓大量運往美洲的情況到底怎樣?根據荷蘭官員在一六一八年的估計,西班牙政府因中國絲由菲律賓轉運往美洲,每年約共徵稅五十萬西元,對她保衛菲律賓的經費大有幫助。故菲律賓繼續由西班牙統治,直至一八九八年,西、美作戰,西班牙戰敗,才改由美國統治。

荷蘭人在一五九五年已經由歐洲向東航海,翌年到達爪哇下港(Bantam,在爪哇西部)。這次航行荷人並沒有賺到多少錢,可是航行的經驗卻有助於後來的發展。荷蘭之所以能打破葡萄牙的壟斷航路,是因荷蘭人造船技術高明,能用比較少的水手,而且航行較快,既然好望角航路已經為葡萄牙人所壟斷,荷船便一直遠離好望角往南航行,再向東抵達爪哇。

一五九八年荷蘭船共八艘，往東航行到爪哇，這次運回大量香料，利潤為成本的一〇〇%以上。一六〇二年荷蘭東印度公司成立，獨佔東方貿易，並在下港建立商館。一六一九年荷蘭在爪哇巴達維亞（Batavia）建立貿易據點，以後荷蘭以此為根據地，在亞洲發展。

以巴達維亞為據點的荷屬東印度，是香料大量生產的地區，荷人自那裡把香料運回歐洲出售，此外中國的絲、瓷器等商品也大量轉運回歐。荷人向東印度輸出，則以白銀為主。在十六、十七世紀，美洲開採銀礦，有大量白銀運回西班牙，但銀到西班牙後，通過貿易及其它關係，有不少流入荷蘭。荷蘭人之所以能賺到西班牙人的銀子，因為荷蘭位於歐洲西北部，能把波羅的海各地生產的糧食運到歐洲南部各地需要糧食的地方，如西班牙，故西班牙政府不得不准許銀子輸出來購買糧食；另外荷蘭又能供應西屬美洲各種消費物資，以及航行用的船舶及船舶上的各種零件。此外，荷蘭與比利時曾為西班牙統治，可是到十六世紀中葉，這些地區要反抗西班牙統治，要求獨立，西班牙政府不得不在荷蘭用兵，因為要平定叛變，光是在一五八〇—一六二六年，在荷蘭支付的軍費，超過二百五十萬公斤白銀之多。這在布勞岱的著作中稱為「政治性的銀子」（Political Silver），其中自然有大部分留在荷蘭。

一六四八年歐洲三十年戰爭結束後，荷蘭的「運銀船隊」（Silver Fleet），每年由阿姆斯特丹開往西班牙港口，把西班牙人從美洲運回的銀子運走。這個運銀船隊，共有三十至五十艘，來往於荷、西港口之間。當日兩國貿易，西班牙大量入超，而荷蘭則大量出超。在十七世紀中葉，西班牙從美洲運回本國的銀子，約有一五%—二五%，由荷蘭船運走，有一估計甚至高達五〇%。一六五四年，有五艘荷蘭船，從西班牙運走一千萬荷盾的白銀。

在十七世紀前後歐洲每年要從亞洲大量輸入各種貨物，特別是香料、棉布、絲綢、瓷器等，其買價的四分之三，須用金銀支付，其中黃金主要運往印度，而大量的銀則多半運往東印度。銀與金的比例，以一六一八年為例，荷蘭東印度公司東運白銀六十一萬二千西元，黃金七萬二千西元；另外每一艘往東印度航行的荷蘭船，在一六〇三年貨物與銀的價值比例為貨一銀五；一六一五年貨與銀的比例，則為貨一銀十五。

在十七世紀五〇年代，荷蘭東印度公司運往東印度的銀子，每年約一百萬至二百萬盾，以後越來越多，到一七〇〇達五百二十萬盾。關於荷蘭商船每年運大量白銀往東印度的情況，我們可以舉出近年海底考古的發現來作證明。一六五六年，一艘開往東印度的荷蘭船，途中在澳洲西岸附近海洋中失事沉沒，到一九六三年加以打撈，發現船中有大量銀元；而沉船之所以在澳洲西岸附近海中，主要因為荷人東來的船隊，要遠離好望角航線。由於近年海底考古學的進步，到了一九六三年有人在海底把沉船打撈，發現內有銀幣七千多枚，大部分為墨西哥造幣廠鑄造的銀元，上刻年代為一六五二、一六五三、及一六五四。這許多在一六五二—一六五四年由墨西哥鑄造的銀元，在一六五六年的荷蘭船上就有那麼多，可知當時美洲鑄造的銀幣，運回西班牙不久，便大量由荷蘭船運走，再由荷蘭商人運到東方來作買賣；另外沉船中又發現若干祕魯及西班牙造幣廠鑄造的銀元。在沉船上的銀元當然不只七千多枚，它們長期沉沒於海中，可能有許多已被海水沖走。

荷蘭人雖然自己不開採銀礦，但通過與西班牙的貿易，能得到大量的銀子，故該國商船能長期大量運銀往荷屬東印度。這些銀子在東印度市場上，代表非常雄厚的購買力，吸引亞洲各地貨物運往出售。對荷蘭人的銀子最有興趣的，是來自銀價特別高昂地區的中國商人，他們看見荷蘭人在東印度有那麼強大的購買力，自然紛紛開船到巴達維亞，把中國貨物售給荷蘭人來賺取他們手中的銀子。

在一六二五年中國商船開往巴達維亞的總噸位，有荷蘭自東印度返國的船隊那麼大，或甚至更大。在一六四四年，開往巴達維亞的中國商船共八艘，上載貨物三千二百噸，中國商船到達巴達維亞，再從那裡開回中國，上載貨一千二百噸，這和一六三七年由東印度回中國的商船載貨八百噸比較起來，可說增加許多，但載重只有向東印度輸出的三分之一多點。這些由東印度開回中國的商船，主要的貨物為胡椒、象牙、燕窩、檀香等，中國輸出主要為生絲、絲綢、陶瓷器等。在一六四四年中國商船載回一千二百噸，向東印度輸出則多至三千二百噸，雖然象牙、燕窩為高價品，但在東印度的買價並不一定很高，因此中國對東印度的貿易大量出超，而荷屬東印度則大量入超。這樣一來，荷蘭人手中的白銀自然被中國商人大量賺回本國。中國商船運走白銀實在太多，以致巴達維亞市場上作為交易籌碼的貨幣深感不足，因此在荷屬東印度，政府常常發佈命令限制中國船運走白銀；同時因為在巴達維亞流通的貨幣極度缺乏，不能滿足交易上的需要，原先一些被剝奪貨幣資格的錢幣遂被准許再度流通，以滿足市場交易的需要。

自中國出口的生絲，大量賣給荷蘭人。一六二一年，有一批生絲運到阿姆斯特丹，毛利為成本的三二〇%。在一六二二年又有一批生絲，原本來自台灣，運到阿姆斯特丹後，毛利為投資的三二五%。在荷蘭和亞洲之間的貿易中，生絲和絲綢的貿易顯然非常重要，其重要性大約只次於香料。除了中國絲外，波斯也有絲生產，在十七世紀三〇年代，波斯出產的生絲運往阿姆斯特丹，利潤只為投資的一〇〇%，然而中國生絲卻高達一五〇%。每當荷蘭商船把大量銀子運往東印度，中國商人特別對這些銀子發生興趣，擴展生絲及絲綢等商品的輸出。

荷蘭人到東方的時間比葡萄牙人為晚，他們來到東方後，看見葡萄牙人以澳門為根據地，發展中國絲綢出口貿易，大賺其錢，不禁眼紅，故在一六二二年曾用海軍攻打澳門，希望佔領澳門，取代葡萄牙人在中國生絲及絲綢出口貿易所佔的地位，但沒有成功。荷蘭人看到葡萄牙人在澳門經營向日本輸出中國絲貨的貿易，獲得那麼大的利潤，有人建議願把荷蘭在東方的殖民地，與葡萄牙交換澳門，但也未成事實。葡萄牙耶穌會傳教士在日本傳教，成績很好，但卻為信仰神道、佛教的日人所激烈反對。到了一六三七年，日本基督徒發動叛變，葡籍耶穌會士亦牽涉在內。一六三八年日本政府平定叛亂，便於一六三九年禁止葡萄牙商船再到長崎做買賣。當葡萄牙人被日本驅逐的消息傳出後，在巴達維亞的荷蘭人舉行一個大規模慶祝會，認為以後有希望發展日本貿易。

荷蘭海軍在一六二二年進攻澳門失敗後，往北航行先攻打澎湖，於一六二四年佔領台灣南部的安平，西班牙人於一六二六年也佔領台灣北部的基隆、淡水。荷蘭人於一六四一年驅逐西班牙人，佔領基隆、淡水，統一台灣南北，後來到一六六二年鄭成功始收復台灣。荷蘭人佔領台灣後，以台灣為根據地，發展中國對日本、及對歐洲的貿易。他們以台灣為貿易基地，一方面從中國商人手上收購生絲及絲綢，然後輸往巴達維亞及荷蘭；同時也發展對日本貿易。他們發現把中國生絲、絲綢運往日本出售，利潤極高，在一六二七年自台灣運往日本的生絲共值六十二萬盾，而運往巴達維亞及荷蘭，只值五十六萬盾。另外他們又以台灣為據點，發展中國瓷器輸出貿易。據荷蘭記載，十七世紀荷蘭共輸出中國瓷器一千五百萬件以上，運往歐洲及東方各國出售。中國陶瓷器之大規模的輸出貿易，可說是荷蘭商船的貢獻。

台灣當時的茂密森林，有很多鹿，荷蘭人把鹿皮輸入日本，每年約有七至八萬件；他們又把台灣的糖大量賣給日本。在荷蘭發展對日本貿易過程中，中國生絲與絲綢佔有一個非常重要的地位，中國絲在日本市場上需求很大，貿易發展的成績很好。荷蘭船運中國絲到日本的數量，在一六三五年開始，每年都超過一千擔；例如在一六三五年超過一千三百擔，一六三六年超過一千四百擔，以後都是一千多擔，在一六四〇年更多至二千七百擔。中國的生絲與絲綢，原由在澳門的葡萄牙人經營，輸往日本。在嘉靖年間，明朝政府實施海禁，中國商人若要輸出絲貨，只有走私，但風險相當大，不容易經營。葡萄牙人在廣州收購絲貨，再從澳門運往日本長崎出賣，明朝政府無從干涉，因此葡萄牙人賺了不少錢。但到了一六三六年，輸送生絲與絲綢到日本的貿易，卻由荷蘭人代替葡萄牙人來經營，如一六三六年荷蘭船運日生絲共一四二一擔，而葡萄牙船只有二五〇擔，荷蘭已取代葡萄牙在中、日貿易中所佔的地位。

在一六二二年，有一位荷蘭在日本平戶商館的負責人，在送給荷蘭東印度公司董事會的報告中指出，在一六二二年中國生絲運日約共三千擔，在日本銷售的中國貨物總值中，生絲及絲綢約佔三分之二；到一六三六年，在平戶輸入總值中，生絲及絲綢佔八〇・四%；到了一六四一年，生絲與絲綢佔八一・二五%。到清朝，在一六五〇年，佔總值七七・八%；一六六〇年，佔八〇%；一六七二年，佔八八・三六%；可見明、清之際，中國生絲與絲綢在對日貿易中所佔的重要地位。當日運銷於日本的中國絲貨，一部分由荷蘭商船運輸，一部分由中國商船運輸。

荷蘭人以台灣為據點來發展對日貿易，與澳門葡人互相媲美。在一六四〇年有一報告說，荷人每年在台灣購買生絲與絲綢等貨，投資額超過一百五十萬兩銀子。在十六、十七世紀，日本銀礦生產豐富，所以能輸出大量銀子。在葡萄牙人還未被驅逐出日本以前，這許多銀子主要由葡萄牙商船輸出，可是自從荷蘭對日貿易發展以後，出口銀子便改由荷船運出。在一六四〇——一六四九年荷蘭船從日本輸出銀一千五百多萬盾，相當於四百五十萬兩銀子。這些銀從日本輸出，多半用來在台灣收購中國商品，同時也派人到福建沿岸收購，然後運往日本。所以這些銀子有相當大的部分，實際上運到中國來。

因為日本市場對生絲的需要很大，荷蘭人除了向日輸出中國生絲外，又從波斯收購生絲運往日本出賣；不過荷蘭人把波斯絲運日出賣，常會賠本，不然也不如中國絲的利潤那麼大。有一時期，中國絲由荷蘭船運往日本，利潤為投資的一五〇%，而波斯絲只有一〇〇%的利潤。因為荷蘭人經營對日貿易非常有利，他們在日本商館的利潤，比在台灣商館的利潤還要高得多。荷蘭人在東方的商館，以在日本的利潤為最大，其次為台灣，在波斯的商館則佔第三位；然而台灣與波斯商館的利潤合起來，一共只有日本商館所獲利潤的二分之一，可見台灣由荷蘭佔領後，對荷人發展對日貿易有很大的貢獻。

清順治十八年（一六六一），鄭成功把荷蘭人驅逐出台灣。荷蘭人被驅逐離台後，該國海軍一度與清政府聯合，意欲打回台灣去，滿清政府也希望獲得荷蘭海軍之助來對付鄭成功。因此清政府特准荷蘭船到福州貿易，因為當時廈門有時為鄭成功佔領，不便前往。荷蘭船從巴達維亞開往福州，輸入以胡椒為主，輸出以生絲為主；在十七世紀六〇年代，這種貿易利潤為投資的一〇〇%以上。到了一六七六—一六八〇年，利潤降低，只為投資的六一%。這時貿易利潤之所以會降低，是因為海外中國商船，與英國商船也輸入胡椒，與荷蘭人競爭的緣故。

除了荷蘭之外，英國商船也在明末開始到達中國沿海，但在時間上比荷蘭為晚。英國於一五八八年擊敗西班牙無敵艦隊，於一六〇〇年組織英國東印度公司，其後漸漸把葡萄牙人勢力驅逐出印度。然而在印度的西方國家勢力，還有法國；到十八世紀中葉後，歐洲發生七年戰爭（一七五六—一七六三），在印度的英、法武力也互相衝突，英國在歐洲擊敗法國，連帶在印度也鞏固了她的地位；所以在明清間英國與中國來往並不太密切。在一六三七年（崇禎十年），英國武裝商船到達澳門，後往廣州，要求通商，當時廣州政府答應過六天後回覆，可是英國船的海軍將官沒有等到答覆，就砲攻虎門砲台，升起英國旗。不久明朝滅亡，清初中國東南沿海，由於鄭成功武裝力量的威脅，實行海禁政策，把沿海居民往內陸撤退，以便堅壁清野來對付鄭氏集團。因此中國對外貿易曾經短時期停頓，只有荷蘭船曾在福州做買賣。在這種情況下，英國人自然不容易發展對華貿易。

一六八三年，滿清佔領台灣，解除海禁，以後海外貿易繼續發展，英國商船對中國貿易纔特別發達起來。英國發展對華貿易與過去的葡萄牙、西班牙、荷蘭最大不同之點，是大量輸出中國的茶。最初英國人只是把小量的茶運到英國，不料英人喝茶卻喝上了癮，以後非喝不可，而英國人喝茶是加糖的，因此英國課征茶稅與糖稅，其收入要佔英國政府稅收相當大的百分比。自一七二〇年開始，中國茶輸出價值超過生絲與絲綢。這是英國對華貿易的特點，但這已是十八世紀，清朝中葉的事。

討論：

問：西班牙人佔領台灣北部十五年，荷蘭人以台南為重要商業基地三十八年，不知他們在商業據點上發展成何種程度？

答：西班牙人曾在澳門附近，可能是珠海或中山縣，佔據一個據點，希望直接發展中國與西屬美洲間的貿易，但因為葡萄牙人要以澳門為基地來壟斷中國絲貨的出口貿易，故用武力驅逐西班牙人。所以當西班牙人有機會佔據淡水、基隆後，也從中國商人手上收購貨物，運往菲律賓然後再運往美洲，但這方面記載不多，同時他們在基隆、淡水時間不長，重要性恐怕不及荷蘭人以台灣南部為基地來發展對日貿易。

問：西班牙、葡萄牙、荷蘭對中國貿易的商品都相同，但策略上是否相同，他們彼此是採取競爭或是瓜分態度？中國對這三國的態度是否一視同仁，或有不同的處理態度？

答：荷蘭人到東方較晚，然而其海軍力量強大，並對葡萄牙人採取敵對態度。在西太平洋行駛的商船，以葡萄牙船為最大，載重一千二百至一千六百噸，但走得慢，而且目標明顯，在十七世紀荷蘭海軍在太平洋出沒後，就容易被捕捉。故葡萄牙改用噸位較小的船，可以走得快些，航行於東南亞與日本之間，以便逃避荷蘭海軍的襲擊；但馬六甲在一六四一為荷蘭人佔領以後，澳門對印度貿易便發生問題。因此我們可見，他們都要壟斷、打倒對方。固然西班牙與葡萄牙有時敵對，有時合作，假如因為要對付強敵荷蘭，便不得不合作；可是另一方面又互相衝突。當西班牙國王同時兼攝葡萄牙王位的時候（一五八〇—一六四〇），西班牙人曾建議驅逐葡人出澳門，好使東亞貿易完全由西班牙人壟斷。由此可見葡萄牙人與西班牙人也是互相衝突，欲獨佔貿易利益，不願與人分享的。

問：他們有否固定與中國某些集團做買賣？而這些集團有否因與某一固定國家作生意而取向有所不同？

答：我想可能有；可以參考中央研究院三民主義研究所張彬村博士所寫有關明代中國沿海貿易的著作，還有〔東西洋考〕、〔閩書〕、〔天下郡國利病書〕等也許有一些資料可供參考。

問：一六二四—一六六二荷蘭人佔領台灣發展對日貿易，有沒有日本船直接到台灣來？一六六二—一六八三鄭成功及其後人統治時代，有否台灣商人到日貿易？

答：十七世紀頭二、三十年日本有一種「朱印船」由政府頒發「朱印狀」（上面蓋有朱色關防的特許狀），准許出洋做買賣。但因十六、十七世紀明政府禁止中、日直接貿易，不准朱印船在中國沿海港口靠碼頭，故日船只好到馬尼拉及東南亞其它地區收購中國絲。因為在馬尼拉與西班牙人競爭購買，絲價提高，利潤自然降低，西班牙人很不高興。後來荷蘭人告訴日本政府，若准朱印船出海，則很難禁止葡萄牙傳教士祕密偷渡往日本，而這些教士會危害日本政府的統治，因此日本政府禁止朱印船出海；故有一個時期只有荷蘭船與中國船到日本做買賣，日本實行鎖國政策。

問：鄭和的船，據記載長四四丈，寬一八丈，大約為多少噸？而葡萄牙人初到東方之船是一二〇噸，不知兩者相比如何？

答：鄭和的船恐怕要比葡萄牙船大幾十倍；但鄭和下西洋，政治目的大於經濟目的；實際上的經濟收益也不如葡萄牙人開闢的歐、非、亞航路。

問：鄭成功時代，朱印船為何捨近就遠？不到台灣而到馬尼拉，台灣商人有否與日本貿易？

答：鄭成功時軍事開銷大，必須發展貿易來增加收入，因此有與日本發展貿易的必要。日本也有船到台灣，但與在台的荷蘭人發生衝突，有一段時期日本政府禁止荷蘭船到日本，就是因為日本船在台灣與荷蘭人衝突的緣故。

問：葡萄牙人在中國租澳門為貨物進口據點外，有否設關徵稅，對外國之商船有否抽關稅？

答：我想是可能有。

問：美洲白銀有相當大部分流入中國，但在總額上與輸往歐洲的比例又如何？

答：還是以運往歐洲的比例為大，據布勞岱的看法，十六、十七世紀美洲銀子有三分之一經太平洋、歐洲到達中國，但確實的紀錄我們沒有。荷蘭人一方面由歐洲把銀子運到東方，另一方面也把日本銀子輸出，向中國收購絲、瓷等貨物，據估計荷蘭從歐洲運出的白銀，只能滿足三分之一至二分之一的貿易需要，另外貿易所需銀子二分之一至三分之二，主要從日本輸出得來。葡萄牙人從歐洲運到東方的銀子，也只能滿足三分之一的貿易需要，其餘三分之二靠從日本長崎出口。

問：荷蘭控制馬六甲海峽後，對其他國家的態度為何？中國早期也與印度、阿拉伯有海上貿易，荷蘭取得控制權後，這些貿易活動是否因此終止？

答：一五五七年葡萄牙人佔澳門後，在那年之前也佔領馬六甲，馬六甲是印度洋與太平洋之間的交通要衝，葡人共佔領了一百三十年，因此他們能在澳門、印度間航海暢通無阻。可是一六四〇—一六四一年葡、荷之戰，荷蘭戰勝並佔據馬六甲，以後葡船經馬六甲便常被荷蘭海軍阻攔騷擾，所以澳門與果亞貿易跟著衰落，只能用小船航行。而荷蘭人佔馬六甲也只是用以對付葡萄牙人，他們貿易的主要根據地，還是爪哇西部的巴達維亞。

問：從經濟觀點來看，葡萄牙佔領澳門，荷蘭佔領台灣，而發展對日貿易，是否有促成日本佔領台灣的關連性？

答：但此時離甲午戰爭還早得很。不過事實上日本對台灣、對菲律賓都有野心，所以西班牙在菲律賓不得不設法鞏固其防衛，免得日本對菲律賓騷擾；尤其對荷蘭欲佔領菲律賓，更感覺到是一個問題。

下編
清代經濟概略

第四講　人口與農業

今天討論清代的人口與農業。我們對於中國過去人口的統計數字，必須小心處理。乾隆皇帝在乾隆五十八年（一七九三）有一文告提到：據過去紀錄，中國在康熙四十九年（一七一〇），全國人口數為二三、三一二、二〇〇，然而到乾隆五十七年（一七九二），人口數為三〇七、四六七、二七九，認為八十多年中，人口增加十多倍，謀生不易，糧食供應發生問題（以上是根據《乾隆東華續錄》卷一一八所載）。但是，乾隆皇帝所根據數字而說的這些話是有問題的。因為康熙四十九年的人口數，不是實在的人口數，只是納人頭稅、或丁稅的人口數字。而乾隆五十七年的人口數，是全國當時實實在在的人口數字。因為康熙五十一年（一七一二）有一文告規定：以後徵收的丁稅，以康熙五十年丁冊所規定之丁稅為常額，以後增加的人口，稱「盛世滋生人丁」，永不加稅，即以康熙五十年為常額，以後不再增加丁稅。由於康熙皇帝這一文告，康熙五十一年後的人口數字，漸漸接近可靠的數字，這是一改變。

到了乾隆五年（一七四〇），乾隆皇帝規定自乾隆六年（一七四一）始，利用保甲查報戶口，故自乾隆六年開始，全國人口數字，在〈東華錄〉每一年末了，清楚地說包括「全國大小男婦」，即全國人口，不限於繳納丁稅的壯丁數字。這種情形自一七四一年開始，以後全國人口數字為：

一七四一年	一四三、〇〇〇、〇〇〇
一七五一年	一八〇、〇〇〇、〇〇〇
一七九五年	三一三、〇〇〇、〇〇〇
一八五〇年	四三〇、〇〇〇、〇〇〇
一九五三年	五八二、〇〇〇、〇〇〇
一九八二年	一、〇〇八、一七五、二八八
	一、〇三一、八八二、五一一（包括台、港、澳人口）

這是過去二百多年中國人口變化的情形。

中國人口在十八世紀中葉左右，已是一億五千萬至一億八千萬人，此數字與明朝之人口比較，已有相當增加。關於明代人口，何炳棣教授曾於一九五九年發表***Studies on the Population of China,*** 1368/1953一書，據他的研究，認為明代實在的人口，在一四〇〇年左右，有六千五百萬至八千萬。當日官方人口數字，有許多地區少報，如雲南、貴州等非漢人地區的少數民族，人口查報往往不準確；華北地區，明初因經戰亂，人口流動大，人口數字比較偏低；同時，有些地區，據地方志所載，每一百名男子，平均的婦女比率有減少的情形。平常的情況是男女數目大體上一樣，但據官方的記載則每一百名男子中，婦女只有九十人、八十人或甚至更少。同時，據地方志，每戶人口應有四—五人，但許多年份每戶只有四人或三人或二人多點。由於每戶人口的減少，我們可推想可能是因為人口少報，使每戶成為小家庭。由於種種的理由，何炳棣教授認為官方的記載比較偏低。大概一四〇〇年（明初），全國人口可能是在六千五百萬到八千萬之間，一六〇〇年（明末），人口數可能為一億五千萬人。以這些數字與清朝人口比較，是比較合理的，這說明了中國人口長時期增加的趨勢。

如果把更早時期的人口拿來做比較，據〔宋史〕「地理志」，宋徽宗大觀四年（一一一〇年），有二千萬戶多點，但口數只有四千六百多萬口。然而我們認為這口數有問題。因為中國過去並不是每戶只有二口的小家庭的社會，若孟子所說的八口太多，五口之家應該比較接近事實；若以每戶五口計，西元十二世紀初，中國全國人口當超過一億人。

中國為何在西元十二世紀初（北宋徽宗大觀年間）能有這麼多人口？這可能與農業生產方面的變化有關係。宋真宗（九九八－一〇二二）時，新稻米品種——占城稻由越南中部傳至中國，因為它耐旱故又稱旱稻，在地上生長時間短便可收成，故又稱早稻。這種新的外國品種在西元十世紀末年到十一世紀初傳入中國，最初在福建，後來擴展至長江下游江淮地區栽種。過去因水稻需要充分的水來灌溉，只有低地才可種植，而占城稻耐旱，不用太多水就可生長，使得生長地區改變，比較高的地方、山地、水少之地區皆可生產，因此稻米生產面積擴大，生產量跟著增加。我們可以想像到，有些地方因為雨量不夠、水供應不足、常鬧旱災，過去不能種植水稻的，現在新的耐旱品種到達中國，這些地區亦可種植占城稻，於是稻米生產量增加了。

另外，這種稻米生長時間短，一年可種兩回，因此有些地區氣候溫和，一年收成兩回，不像中國原來之稻米品種一年只能收成一回，由於這個原故，中國稻米供應增加。這是十世紀到十一世紀初占城稻輸入中國後，影響到十二世紀宋徽宗時，全國人口超過一億的可能說明。

在外國稻米品種傳入中國以後，中國人口之分布，大約有六〇%以上的全國人口住於稻米生產地區，即在長江流域及長江流域以南，在十一世紀後半，即有此種情形。換句話說，十

一、十二世紀，中國人吃的糧食中，稻米佔六〇%之多。明崇禎年間（一六二八—一六四四），宋應星〈天工開物〉卷一記載：「今天下育民人者，稻居什七，而來、牟、黍、稷居什三。」我們可看到十七世紀前半或中葉左右，中國稻米在各種糧食中所佔的地位愈來愈重要，高達七〇%。稻米在糧食生產中之所以佔這樣重要的地位，這是由於占城稻從宋真宗時進入中國後，由宋至明，經幾百多年的變化，在中國的氣候、土壤中栽種，發展新的品種，適應中國的氣候、土壤，所以生產量愈來愈大，養活更多的人口。這是一種可能的解釋。這是由宋到明稻米在中國糧食供應上所佔地位愈來愈重要的情形。

其實，中國在古代，稻米並沒有佔這麼重要的地位。〈論語〉提到「食夫稻、衣夫錦、於女（汝）安乎？」孔子時與學生討論問題，把糧食中的稻米和穿衣服的錦同樣看待，而錦在衣料中是奢侈品，非常寶貴的，他在不同糧食當中把稻米與錦相比，很可能在古代中國稻米價格很貴而且相對地少，故以此相比。我們可以想像得到，中國古代稻米不多，但由十世紀到十六、十七世紀長時期農業變化的結果，稻米卻成為重要的糧食，養活更多的人口。

現再解釋中國十八世紀人口增加速度之快、時間之長。一七四一—一七九五，每一年人口增加的百分比為一．四八五%，到十八世紀末，中國人口已超過三億。如果把十八世紀中國的人口與太平洋另一邊的美國人口作一比較，那時美國剛獨立不久，雖然土地面積並不比中國少多少，其人口約只有四百萬人，而中國人口則超過三億人，可見太平洋兩岸人口分布不同的情形。由於人口不同的分布，影響到兩國以後的經濟發展亦不同。美國因人口相對地少，土地或天然資源相對地豐富，因此勞動力供不應求，價格高，即工資高；而中國人口過剩，勞動力多，價格便宜，工資水準低。因此在美國若發明一種可節省勞力的機器，得到社會的鼓勵，可賺錢；而中國方面，如果使用機器來代替許多人的勞力，會發生社會失業的問題，由於經濟困難，這些人可能會搗毀這部機器。對於節省勞力的機器發明，在中國是得不到鼓勵的，然而在美國卻得到鼓勵。這說明了美國有許多大的發明家（如大發明家愛迪生），科技發明成績之所以好，與他們工資高昂有關。假如企業家用機器代替人工來從事工業製造，他可以大大的賺錢，且政府予以鼓勵，允許他得到專利，社會上亦不反對他。然而中國人口比較多，需工作機會，自然反對使他們失業的機器之發明與使用。這是十八世紀末葉以來中國與美國，由於人口不同，影響到二國工業化情形不同的可能理由。

十八世紀中國人口為什麼能夠長時期每年增加將近一・五%？十八世紀的中國，在嘉慶元年（一七九六）白蓮教發動變亂以前，本部大體上沒有內戰，由於人民能夠在長久和平時期中生活，人口自然大量增加。另一方面，耕地面積在乾隆時代也大量擴展，到乾隆三十一年（一七六六），中國土地面積增加到將近八百萬頃。而占城稻之傳到中國，到十八世紀由於在中國土地中長期栽種，適應中國的氣候、土壤，有新的品種之出現，這對於稻米生產增加亦有幫助。

另外，美洲的農作物番薯，明中葉後由於中外海洋交通發達，由美國經由菲律賓傳入福建，在那裡大量栽種。因為福建山地多，平地少，過去耕地有限，糧產不夠，常鬧饑荒，然而由於番薯耐旱，水分比較少之地像山地亦可生產，因此解決了糧食問題。由明到清，番薯的栽種在地理方面愈來愈普遍的傳到旁的地方去。乾隆年間山東、河南的行政長官特地將〔甘藷錄〕一書印出來，教人民如何種番薯，又請福建的監生來教人民如何栽種，故番薯生產愈來愈多，對各地人民糧食供應大有幫助。

到了一九三一——一九三七年中國每年生產的番薯為一千八百五十萬公噸(不包括東北)，是全世界番薯生產量最大之國家。

除番薯之外，另一種美洲農作物是玉蜀黍，又稱玉米，或包穀（Indian corn）。這種農作物也是十六世紀左右傳到中國，和番薯一樣耐旱，不限於平地，在高山、水分少之地皆可栽種，而且此兩種作物並不競爭土地，因為番薯生長於陰的地方，而玉米則長於向陽處，因此在高山上這兩種作物皆可生產。玉米之生產，在明萬曆（一五七三——一六二〇）年間的地方志已有記載，如雲南西部〔大理府志〕說那裡栽種玉米，另外河南西部山地亦栽種玉米，皆見於地方志中。到清代更普遍，林則徐於湖廣總督任內，在﹝林文忠公政書﹞中的﹝湖廣奏稿﹞提到：漢水流域上游，湖北、河南、四川、陝西交界的地方，原來人口稀少之區，到清中葉左右，人口愈來愈多，主要是靠玉米的栽種得到糧食供應。他在﹝雲貴奏稿﹞中亦提及：雲南西部，在保山的老林開墾成玉米田地，各地無業遊民到那裡栽種，得到糧食以維生。這是玉米到中國以後，讓中國糧食增加的情形。

抗戰以前，玉米在華北各省糧食作物中已經佔有重要的地位，例如在河北省佔一三%，山西佔六%，陝西佔九%。在全國各種農作物面積中，玉米於一九〇四—一九〇九年佔一一%，一九二九—一九三三年佔一七%。

東北方面，玉米的生產亦非常重要，如黑龍江主要靠大豆、玉米兩種作物輪流栽種，使耕地面積增加。一九三六—一九四〇年東北玉米產量，每年增加一〇·三%，一九四〇—一九四四年每年增加七·三%，所以我們可以看到玉米在東北糧食生產方面所佔的地位亦很重要。

以上是美洲農作物與中國糧食生產的關係。

除美洲傳入的農作物以外，稻米品種的改良，由清朝到民初，可以江陰縣的稻米品種作一例子來說明。在乾隆七年（一七四二）編的﹝欽定授時通考﹞，根據康熙年間的記載說：

在江蘇江陰縣稻米品種共十六種。到民國九年（一九二〇），江陰縣稻米品種共有五十五種，這見於民國九年修的〔江陰縣續志〕的記載。在這些前後不同的稻米品種中只有五種是相同的，另外有十一種已消失，而這五十五種在民國九年時有五十種是新增加的，這表示中國農業工作者（農民），由清朝到民初，長時期把稻米品種改良，有許多新的品種出現，來適應中國的土壤、氣候，以便生產更多的稻米。這是就稻米品種方面對中國糧產的增加作一說明。

水利灌溉工程對中國糧產的增加亦有影響。水利灌溉工程的建設，能讓荒地（沒有經濟利用價值的土地）變為有生產價值的土地，因為㈠把水利灌溉工程建設起來，附近土地有水灌溉，就可以有生產價值；㈡水利灌溉可以增加的之供應量以減少天災，穩定農業生產；㈢原來每畝田生產量比較少的，有了水利以後，每畝田生產的農作物數量便可增加。比方原來一年只收成一回的田，有了水利灌溉，一年可收成兩回、三回，例如水稻有早稻、晚稻，一年可收成兩回。

水利建設在清朝的情形如何?以湖南北部湘陰縣為例，因為洞庭湖之水，冬天水退，春夏間水漲，水退時農民在洞庭湖四周耕種，必須建設水利工程，設立堤垸，將湖水擋住。一六四四年，堤垸只有四道，長一五、一七二丈，受益田二萬一千畝，過了一百年，到乾隆初年（一七四六），共有堤垸六十九道，長一二三、七六六．二丈，受益田十六萬七千畝，即田地面積為一百年前的八倍。這是洞庭湖四周圍的一縣，由於水利建設而增加耕地面積，因而增加糧食生產的情形。

旁的縣亦有相似的情形。清中葉左右有句俗語說：「湖廣熟，天下足」，或「湖南熟，天下足」。可見湖南、湖北為全國的穀倉，糧食生產大量增加，除了養活當地的人口以外，還供應其他地區人口的消費。關於湖南耕地的面積，官方的數字為：一六八五年一三、八九二、四〇〇畝，一七二四年三一、二五六、一〇〇畝，一七六六年三四、三九六、五〇〇畝。由於糧食生產增加，所以湖南有大量稻米運至各地去賣，根據〔雍正硃批御旨〕的記載，雍正十二年（一七三四）由湖廣運至江浙的米糧，每年大約有一千萬石。過去在宋代有句俗語說，「蘇常熟，天下足」，可是到了清朝中葉卻要從湖南湖北運大量的米糧到江浙。原來是「蘇常熟，天下足」，轉變為「湖廣熟，天下足」，這是自宋至清農業方面不同的變化。但並不是說江蘇、浙江到了清朝糧食生產就衰落了，主要是因為這一地區人口大量增加，對於糧食消費特別增大的原故。清代全國人口密度最大的地區是江蘇，乾隆二十六年（一七六一），每一方英里有六百人，到道光三十年（一八五〇），每一方英里增加至一、一四四人，因為人口增加，糧食消費自然增大。全國人口密度第二大的地區為浙江，一七六一年，每一方英里有四二〇人，到一八五〇年有八一九人，增到二倍左右，因為人口多糧食消費大，故需由湖南將大量糧食輸入。

另一解釋，就是因為以太湖為主之江浙廣大地區，多數種桑田，所佔面積廣大，而糧食生產面積就相對地減少，故稻米供應減少，要從長江中游運米來消費。

另一種情形，江蘇通州、松江府等地區大量種植棉花。據徐光啟的〔農政全書〕所載，松江府的耕地面積中約有二分之一種植棉花。長江下游由於棉花種植面積廣大，稻米耕地面積相對減少，故需自長江中游輸入糧食。

「湖廣熟，天下足」的湖廣，以漢口為中心，將糧食往長江下游輸送。這些集中在漢口的糧食，除了湖南生產的米糧以外，當時由四川生產的糧食，亦由此順流而下至長江下游，去養活當地的人口。因為四川在明末，流寇張獻忠殺了許多人，到清初，四川人口大量減少，田地無人耕種，政府乃獎勵其他人口過剩的地區移民往四川。四川人口到現在有許多客家人，原來在福建、廣東、江西山地居住，後來聽到四川獎勵移民故遷徙入川，得到許多耕地及優待條件（如無代價的給予田地，多少年不用繳納田賦等等）。四川原為天府之國，土地肥美，糧食生產豐富，由於旁的省分人口移民到四川，所以許多地方又由荒地變為肥美農地，糧食生產增加，多餘的糧食大量運到各地去。其中有不少往長江下游輸送，有一部分更由上海及浙江的港口，轉運到福建去賣，因為福建耕地少山多，土地多種茶和水果，糧食不夠，必須從外地運糧來。這是以洞庭湖為中心的廣大地區，由於水利工程的建設，而糧食生產增加，來滿足各地增加的人口消費的情形。

除此之外，東北原來也是人口稀少的地區。據包世臣的〔安吳四種〕卷一的一篇文章記載：一六八五—一八〇四，這一百多年之中，關東豆、麥每年有一千多萬石由海道運至上海。可見由清初到中葉，尤其是十八世紀，東北糧食生產增加，除養活當地人口以外，尚有大量糧食運到上海去賣。這一事實告訴我們東北的農業也慢慢發展起來了，人口少糧食相對地多，故可有多餘糧食輸出，對旁的地方的糧食供應亦有貢獻。這是清代中葉或乾隆年間，由於農業方面生產增加，能養活更多人口的情形。

清朝在太平天國革命以後，人口增加受到影響的省分共有十六省，死亡人數據估計或為二千萬人，或四千萬人，甚至有人估計高達五千萬人，時間是一八五〇—一八六四。除此之外，在西北、西南有回亂，死亡人口亦相當的多。還有在十九世紀後半，黃河水災，一八八七—一八八八黃河決口，河南幾乎全省受災，安徽亦受影響。另外，旱災方面，西北常鬧旱災，光緒三年（一八七七），山西、陝西、河南、河北因天旱失收而死亡的人數共約九百萬人到一千三百萬人。這種種原因皆可能影響到人口的減少。

不過，到一九五三年中共在大陸作人口普查，可看到中國人口已增加至五億八千多萬人，一九八二年更超過十億人，這是中國人口增加的情形。

討論：

問：(1)糧食增加的情形，除剛才所提的美洲農作物品種的輸入、稻米品種的改良、水利灌溉工程的建設以外，農業技術改進的情形為何？

(2)江陰縣的稻米品種由十六種增加到五十五種，這種農業的改良，地方與政府是否有特別的機構專門負責？

答：(1)農業技術方面是有改進的。〔天工開物〕對於明中葉後農技的改進有記載，例如將禽獸骨燒成肥料（磷肥）；也知道把黃豆放入土壤中，使土壤肥美，這等於現在的氮肥；南方更以綠豆磨成豆漿，將豆漿放於土壤中使之肥美，糧食亦更增加。

(2)民間與政府兩方面皆注意品種的改良。

問：剛才提及農作物的品種，政府亦致力改進。有關於水利灌溉工程方面，堤垸是否亦為政府與民間所做？

答：是兩方面同時做的。稻米方面，康熙皇帝曾在宮廷中親自實驗種植各種稻米品種，看看生長的情形，這見於李煦、曹寅的奏摺中。由〔宮中檔〕可見到政府對於農業方面很注意，要各地方的政府經常報告各地方的雨量、糧價波動的情形，每畝田生產多少稻米也須報告。雍正皇帝更是特別注意，見於〔雍正硃批御旨〕。諸位對農業生產、米糧貿易、糧價有興趣的話，可以參考〔宮中檔〕康熙朝、雍正朝、乾隆朝、光緒朝奏摺，利用空閒時間專以卡片抄某一種資料，比如某一地方某年某月某日，每一石米多少錢，另外一時間，每一石米多少錢，假如抄多了，可將之比較來作一研究；或是生產稻米、大豆、雜糧等等不同的情形，將之有系統地抄下來整理，這對中國經濟史的研究亦是一大貢獻。過去許多人認為中國經濟是長期停滯不進的，實不然，若細細搜集資料，可看出其進步的情形。例如農業方面，米在古代是奢侈品，後來變成一般人的糧食。還有地方志亦可利用，過去這些年在台灣有許多地方志都已印出來，把各地方的糧食、稅收、饑荒、收成好壞作比較，對農業史的研究當可有貢獻。

問：剛才提到美國勞動力價高，機器生產量多，有益，而中國的勞動力價低，機器生產導致失業，是有機器生產出來而遭到反對？還是沒有機器生產之環境？

答：亞當．斯密在〈國富論〉中提到美國人願意娶寡婦為妻，因為寡婦的小孩可以做工賺錢，都是有價值的勞動力。這說明美國勞動力求過於供，若有新的機器發明代替勞動力，當然受到歡迎，這是美國科學技術能夠進步的原因。

光緒初年（一八七六），英人在上海建造一條鐵路，距離很短，但鐵路沿線許多人如拉馬車者，因此失業，不久又因有人被輾死，引起輿論攻擊，乃將鐵路收回。舊勢力對新的發明的反抗，其中之一因是人口多，反對節省人力的科技發明，另一因是滿清以異族統治中國，為着要減少漢人對滿族的反感，以八股文取士，年輕有為之士多浪費精神於科舉，聰明才智從事於科技研究的少，這是中國科技不發展的一個原因。

問：前提到明朝人口資料，女的比率較男的低，是不可靠的，請問婦女人口數少報的原因何在？若要少報人口應是少報納稅的丁男才對，為何是婦女人口少報？

答：有些省分如福建，殺女嬰多，是一因。

另外，澳洲人馬禮遜（G. E. Morrison），喜旅遊，甲午戰前由上海乘船到重慶，由重慶步行經四川宜賓，再到雲南東北昭通、昆明、大理、緬甸，長約三千哩。當他到達昭通的時候，聽說昭通去年有三千個小女孩被以奴隸身分賣掉，每人售價約為六兩銀子。他早上散步時，路上常見棄嬰，多數是女嬰。生活困難自然是一個原因。

問：美洲作物品種傳入中國，是否與中國和西班牙、葡萄牙、荷蘭的交通與貿易有關係？

答：當然有關係。從一五六五年開始，西班牙人每年由美洲開往菲律賓的貿易船，運載不少美洲物產，其中如番薯、玉米也到達菲律賓，而在菲律賓種植。中國商人到菲做買賣，一六〇三年中國商人因與西班牙人衝突而被殺，多至二萬餘人，可想見中國與菲律賓的交通頻繁。中國商人自菲返國時，自然帶回美洲農作物的品種。

問：歐洲有位學者的說法，認為人口增加才有有效的需要，於是發明機器來養活人口，似與全先生前所提的不同，平面的比較是否恰當？

答：美國剛獨立時人口最初約有四百萬人，多數集中於東部，到一八四八金礦發現，才有不少人往西部移民，移民來自歐洲的多到達東岸，亞洲移民多至加州。移民使人口增加，可以滿足勞動力昂貴的美國社會的需要。同時，節省人力之機器的發明在美國社會中自然得到鼓勵。

問：除了人口增加的因素外，是否尚有其他因素促使新的機器發明？

答：人口增加，促使消費增大，購買力高，所以刺激科技發明，這是有道理的。但市場並不限於當地，海外市場也很重要，如英國因海外市場需要大，而需要種種的科技發明，以滿足海外市場的需要，如十八世紀至十九世紀的紡織業即是一例。

人口與科技發明的關係，是促進？是壓抑？不可孤立來談，必須落實於整個社會背景來看。

第五講　貨幣與物價

今天討論貨幣與物價。

明英宗正統元年（一四三六），政府徵收金花銀，就是在長江以南，水道交通不便的地方，讓人民用銀代替米、麥來繳納田賦。所用的辦法是以四石米、麥折換成一兩銀來繳納給政府，稱為金花銀。每年政府得到的收入為一百多萬兩，即由四百多萬石米、麥的田賦折成銀給政府，這是一大改變。過去政府為維持大明寶鈔的價值，禁民間用銀作貨幣來流通，在市場上以銀為交易媒介是非法的。到正統元年，人民既然可以銀代米、麥繳納給政府作田賦，其大前提是把農產品運至市場出賣，一定可換得銀，人民才有銀來繳納租稅，故我們可以說，一四三六年是中國人民以銀作貨幣來交易，變為合法化的開始。

一四九二年，明孝宗弘治五年，政府對銀的徵收又進一步。當時在北方邊境駐防有大量軍隊，因為在長城以北，蒙古還保留相當大的軍事勢力，雖然明政府在華北與蒙古軍作戰，已將之趕至關外，然仍勢力強大，隨時準備侵犯明帝國國土。在此情況下，政府於沿邊設有九個邊鎮，這些軍事重鎮需大量糧食供應，政府於是實施開中法，讓人民到邊境把糧食交與政府來交換鹽引。政府發行鹽引，大的四百斤，小的二百斤，政府規定民間或商人可以拿糧食（主要是米、麥）送至邊境，以糧食換取鹽引。商人得鹽引後，拿至鹽生產地換鹽。鹽生產地很多，不過現江蘇北部兩淮之區，靠海產鹽，而且有長江、運河以水道運輸，運輸量大，運費便宜，故兩淮鹽利潤較大。政府規定每一個地方換鹽所用的米、麥有多少的不同。這是一種用糧食換鹽的辦法，政府主要目的是要使北方軍隊能夠得到充分糧食的供應。

最初商人要取得鹽引，必須由內地把糧食運到北方邊境，交給政府機構。後來商人覺得運費負擔太大，不如在邊境投資來開墾耕地，生產糧食，就地賣給軍隊，換取鹽引。在邊境投資開墾耕地的人，為一些有雄厚資金的商人，故稱為商屯，即由商人投資，在邊疆開墾的意思。但商屯的辦法，實行時間一長，發生了問題，其中一問題是，邊境發鹽引的機構，鹽引愈發愈多，而軍隊駐防的邊地距離產鹽區很遠，並不知道產鹽區今年產鹽多少，以致發的鹽引過多，不能馬上換成鹽。在這種情況下，商人感覺到困難，因為老是必須在鹽產地等候鹽引兌現，根據當時的記載，甚至有從祖父等到孫子，前後三代還換不到鹽。

弘治五年（一四九二），戶部尚書葉淇，淮安人，親眼看見鹽商的痛苦，乃從事改革。改革辦法是商人不用把糧食送到邊境軍隊駐防區換取鹽引再至鹽生產區換鹽，只須將銀子交給政府，即可換取鹽引，此鹽引馬上即可換鹽，這個政府機構就是「都轉運鹽使司」。這樣一來，政府不但可得到許多銀子的收入，商人亦覺得很方便，於是從一四九二年開始實行。

商人因用銀直接買到鹽引來換鹽，便不像過去那樣辛辛苦苦地在邊境開墾土地，因此邊境糧食生產減少，影響到邊境地方米價、麥價的提高。政府收到銀子後要送至邊境作軍事費用，這種銀子稱「年例銀」，最初在弘治年間，約銀四十萬兩。但由於商人不再在邊境屯田，邊境耕地減少，糧食生產量亦少，供不應求的結果，在北方邊境的市場上，米價或其他糧價自然而然地上漲，政府不得不運送更多的銀子至邊境，收購糧食，以滿足駐防軍隊的消費，尤其到了邊境有戰事發生，駐防軍隊增加，需要的銀子更多。這種年例銀的開支，每年從幾十萬兩增加到幾百萬兩，萬曆年間三百萬兩到四百萬兩銀之間是很平常的。因此，北邊銀的購買力降低，物價則上漲。關於這些問題，在京都大學作研究，現在東北大學教書的寺田隆信曾寫過一書名〔山西商人的研究〕，可參考。以上說明了中國輸入通過海外貿易而來的銀子，後來這些銀子在北方因特殊的情況而使物價提高的特殊例子，因為邊境軍隊較多，軍費開銷增多，銀流到那些地方去開支，影響物價波動、糧價上漲，這是特殊的情形。

除了北方邊境以外，在東北方面，到了萬曆末年，西元一六二〇年左右，遼東發生戰事，直到一六四四年明朝滅亡為止。由於遼東發生戰事，政府因戰爭而開支的費用非常之大，於是徵收遼餉，一年多至五百多萬兩銀子，成為田賦的附加稅。遼餉之外，因為流寇張獻忠、李自成對抗明政府，政府不得不增加租稅收入，以應付戰費的開支。除遼餉以外還有練餉、剿餉，稱為三餉，到了崇禎末年多至一千六百多萬兩銀子，這些銀子主要用於軍事方面。在戰區及受流寇破壞的地區，由於物資運輸的困難，生產設備的破壞，物資求過於供，物價不斷上漲，所以在明朝末年，受流寇或遼東戰事影響的地方，物價特別高昂。然而就全國來說，未受戰爭破壞之區物價仍低，這是明朝的情形。

到了清朝開國以後的頭四十年，由於鄭成功以福建廈門、台灣為根據地，與滿清政府對抗，滿清政府初時海上力量不如鄭成功強大，所以在順治十三年（一六五六）發布「禁海令」，禁止人民從事海外貿易。順治十八年（一六六一）又發布「遷界令」，凡距離沿海二十至三十里的居民，都要往內地撤退。滿清政府所採的辦法是堅壁清野政策，以免鄭成功的軍隊取得支援來進攻他們。在此情形下，海外貿易當然不能進行。由於海外貿易的停頓，過去在明中葉以後長時間由於海外貿易的發展，中國對外貿易大量出超，由國外尤其由菲律賓運入大量白銀到中國的情形就不存在了。換句話說，在清朝最初幾十年，由於海外貿易的停頓，中國不繼續由海外進口白銀，市場上銀價自然上漲，有銀子者囤積起來，在這種情況下，更影響到各地市場上銀流通量減少，發生通貨緊縮的現象。農民方面很痛苦，因為農產品賣價太低，不夠成本，這麼一來，民間要以銀來向政府納稅就感覺困難，以致有許多人破產。這是清朝頭四十年的大概情形。

在康熙（一六六二—一七二二）前半期，米糧價低，主要由於實行海禁，對外貿易停頓，沒有外國白銀進口。但到康熙二十二年（一六八三），這種情形開始發生變化，因為滿清政府軍隊佔領台灣，取消海禁，恢復海外貿易，由於大量商品出口，貿易出超，又繼續有不少銀子運入中國。海禁停止後，英在印度的統治逐漸穩固，因在七年戰爭（一七五六—六三）英與法在印度、歐洲對抗，英取勝，以印度為根據地發展對中國貿易。英和中國貿易不同於西、葡、荷的地方，在於華茶出口貿易的發展。過去我國出口貿易，絲佔主位。英國商人在十七世紀後半，偶然帶茶回去，喝上了癮，且加糖，因此英對於糖、茶皆抽稅，對英政府財政的貢獻甚大。尤其到十八世紀末葉，拿破崙戰爭時期，英政府看見茶為民間必需品，茶所收之稅高達百分之百，對政府財政貢獻非常之大。中國茶大量出口的結果，一七二〇年出口價值超過絲，成為第一位，以後長時期茶成為第一位出口貨物。

英國由中國把茶大量輸出，其對華貿易為入超，中國為出超，自然有大量的銀子輸入中國。一七〇八—一七五七年，一共有將近六百五十萬英鎊的銀子運到中國來。一七七六、一七八五—一七八九，及一七九一年，英國銀子輸入中國總共三百六十七萬六千英鎊有多。英國東印度公司，將大量茶葉由廣州運至英國去賣，其中一部分轉運到其他國家，而美國、歐洲其他國家的商人亦到中國做買賣，把大量的茶運走。在此情形下，中國貿易大量出超。在一七七一—一七八九間有紀錄的十五年之中，各國輸入中國的白銀超過三千一百萬元，其中有幾年的數字是這樣的：一七八六年，四百多萬元；一七八七年，五百五十多萬元；一七八八年，四百五十萬元。

據H. B. Morse的研究，一七〇〇—一八三〇年，中國進口銀共達九千萬英鎊至一萬萬英鎊左右。過去曾提及西班牙人用大帆船由美洲開至菲律賓作買賣，每年一至四艘，通常是二至三艘。由於祕魯、墨西哥銀礦生產豐富，這些銀除大量運回西班牙外，另一部分經由太平洋用大帆船運至菲律賓。一七六五年，西班牙一官員在菲律賓說：在過去二百年，由西屬美洲輸送到菲律賓的銀超過二萬萬西元（peso），然而現在菲律賓只有現銀八十萬西元，其他的多運到其他地方去了。而馬尼拉海關九〇%的關稅，是向進口的中國商品徵收得來的，故這些銀的大部分很可能流到中國來了。另據De Comyn的估計：從一五七一—一八二一年一共有銀四萬萬西元，由美洲運到菲律賓，其中大約有二分之一左右轉流入中國。不過，我們現在認為估計為二分之一太保守，因為據海關記載，菲律賓海關所抽的進口稅，八〇%—九〇%都是向進口的中國商品抽收的結果。不論如何，我們可看到自十六世紀至十八世紀末、十九世紀初，中國通過茶之貿易與菲律賓貿易，有大量銀子長期輸入中國是一事實。

清初四十年，由於海禁，海外貿易停頓，中國不繼續輸入外國的銀子，這不過是短時期的事。從一六八三年起，海禁解除，海外貿易繼續進行，外國銀子又復進口。由於大量白銀繼續進口，中國作為貨幣之銀的流通數量增加，物價跟著上漲。

根據一些記載，我們可看到江南的米價與廣州絲之價格的變動情形：

蘇州米價

年代	（每石）	指數
一七一三	〇・九九（兩）	一〇〇
一七四八	二・〇〇	二〇二
一七七〇	四・四六	四五一
一七八六	四・三〇（十）	四三四

揚州米價

一七一三	〇・九九	一〇〇
一七八六	四・八〇（十）	四八五

蕭山（浙江）米價

一七一三	一・三五	一〇〇
一七五六	三・八二	二八三
一七九六	三・〇五	二二六

這是米價的情形。而廣州每擔生絲的價格，則約如下述，都是大約增加三倍至四倍多。

廣州絲價

年代	（每擔）	指數
一七〇四	一〇〇（兩）	一〇〇
一七八四	三一〇	三一〇
一七九八	二八八	二八八

過去曾介紹 Earl. J. Hamilton（芝加哥大學教授）研究西班牙物價與美洲金銀關係一書，他認為由於美洲銀子大量運到西班牙，所以在十七世紀頭十年西班牙的物價，平均為十

六世紀頭十年物價的三・四倍。Hamilton教授認為這種物價波動很大，可稱為「物價革命」。既然十六、七世紀西班牙物價增加三倍半左右就可稱為物價革命，清代中葉的中國，在十八世紀物價增加三倍至四倍多，當然亦可以稱為「物價革命」。

上述白銀數量的增加，影響到貨幣流通量的增加，因此刺激物價上漲。除了這主因外，尚有一因，亦影響到物價長時期上漲，這就是人口的增加。

中國的人口，在十八世紀初，只有一億四千多萬，其後到了十八世紀末，超過三億人。由於人口大量增加，為著要增加糧食生產來滿足更多人口對糧食消費的需要，當時不得不把荒地開闢為糧食生產的耕地來增加糧產。當人口相對地少時，農民主要耕種最肥美的土地，因為每畝所生產的糧食較多，生產成本較便宜，農民把這種土地生產是最有利的。但到人口增加，對糧食需要增大時，光是種最肥美土地不能滿足需要，故農民要開闢不太肥美的土地（第二等）。第二等土地不如第一等肥美，可能必須建設水利灌溉工程，讓水稻能生產，由於改良第二等土地，建設水利工程，如此投資增加，生產成本提高，第二等土地比第一等土地每擔糧食需要之生產成本提高，糧價亦因生產成本提高而提高。當第二等土地因生產成本增加才能生產糧食的時候，第一等土地地租就出現；假如租給農民耕種，因生產糧食多成本低，所以第一等土地有地租，而第二等土地沒有地租。其後因人口增加，需要更多糧食，第三等土地亦不得不開闢耕種，在此情況下，第三等土地也許是荒地，要開闢成農業生產之地更須增加投資。由於第三等土地，生產成本更高，所以糧價亦不得不提高。這是人口增加，影響到糧食生產成本增加，從而糧價長時期增加的情形。

貨幣增加、人口增加，影響到糧價的增加，這些都是長時期的因素。除長時期因素以外，糧價的波動尚有短時期的因素，就是收成的好壞。今年收成好，糧食供應增加，糧價就降低，明年收成不好了，糧價就高，第三年也許又豐收了，糧價又降低。這種依農產收成好壞而發生的物價波動，是短時期的波動，不同於前述兩種長時期的波動因素。

十八世紀中國糧價的波動，應是長時期性的。當日人們時常討論，收成好但糧價仍高，降低不了，是什麼原故？主要因為乾隆時代（十八世紀）糧價之波動是長期性的，而不是短期性的，所以到了收成好，還是維持高的價格，而不能降低。價格長時期上漲，顯然與貨幣或銀在中國流通量的增加及人口的增加有密切的關係。

到了十九世紀，情形又發生變化。由於十八世紀，英東印度公司每年由廣州輸出大量茶葉，對華貿易長時期入超，把銀大量由英輸送到中國。英國在重商主義之下，輿論對此相當反對，認為作為貨幣的銀子是一種財富，銀子由英輸出太多，要影響到英國財富減少，所以反對東印度公司這種因購買茶葉而輸出白銀至中國的方法。英東印度公司想辦法，緩和輿論，其中之一是使英國羊毛紡織品大量運銷到中國來。過去英國生產的羊毛，以工業原料的資格，賣給歐洲羊毛紡織業發展地區如荷蘭、比利時、義大利，而不在國內加工紡織。到了十三世紀前後，有些商人看到政府財政困難，與政府交涉，由政府允許他們獨佔羊毛出口，條件是由商人繳納一筆錢給政府。這些壟斷羊毛出口的商人，在英國國內收購時，儘量壓低羊毛價格，而運到歐洲後，因為處於獨佔的地位來賣給歐洲大陸羊毛紡織工業者，就提高價格才賣給他們。由於英國國內外羊毛價格高低不同，英人自然利用國內便宜的羊毛，加工紡織成羊毛紡織品，因此英國發展起羊毛紡織業，使許多人得到就業的機會。英東印度公司在與中國貿易時，曾想辦法大量運英國羊毛紡織品到中國來賣。但中國五口通商以前，只開放廣州對外貿易，而廣州地處亞熱帶，羊毛紡織品在那裡銷路不好，英人乃設法開闢廣州以北的港口（溫帶、寒帶區），以便大量推銷羊毛紡織品。這是英國為了平衡中國貿易，不得不推銷他們的羊毛紡織品的情形，也因此在簽訂南京條約時要求五口通商，五口除廣州以外，其餘四口都是在廣州以北，天氣較冷之地。

另外一點，就是英國佔領印度後，發現印度出產的鴉片煙，可以在中國有好的銷路，就大量運到中國來賣。英國統治印度，每年稅收約有四百萬英鎊的盈餘，以其中大部分購買鴉片運到中國來賣，這些鴉片出賣後就購買大量的茶葉運回英國。這些茶葉運回英國去賣，一方面售價遠較在中國收購之價格高昂，利潤跟著也高，另一方面，英國政府可收到不少進口稅，這對英國有利。然而中國人抽大煙增多，身體變壞，在經濟方面由於鴉片進口愈來愈多，銀由過去長時期進口，改變成出口。到了十九世紀頭十年，中國對外貿易仍是進口銀子，不過後來就不斷地輸出大量銀子了。在此情況下，中國認為問題嚴重，因為當日人們認為作為貨幣的銀子是一種財富，銀子由進口方向變成出口方向，大量流出，中國便要愈來愈貧窮。而且鴉片煙影響到中國人民身體愈來愈壞。因此道光皇帝派林則徐查禁鴉片，從而發生鴉片戰爭。

當銀由輸入改變成輸出後，中國國內銀價提高，銀每兩原換一千個銅錢，後來換到的錢愈來愈多，變成銀貴了。每兩銀換錢數：

北京	一七五一(年)	八二〇(文)
	一七七五	九五五
	一七七八	八八〇
	一八二三	二〇〇〇—三〇〇〇
	一八二八	二五〇〇(直隸)
	一八四六	四六〇〇(直隸)

山東	一七四八	七五〇
	一八〇六	一四五〇—一六五〇
	一八二八	二六〇〇
	一八三〇	二七〇〇
山西	一七五一	七八一
	一八四六	一五〇〇
雲南	一七六六	一一〇〇
	一七七〇	一一五〇
	一七九四	二四五〇

在清代每一兩銀子的法定價格是換一千個銅錢或少些，但十九世紀初期的道光年間，每一兩銀子換二千至三千個錢，北京所在的直隸、山東、山西、雲南皆有這種情形。當時每兩銀子換到的錢愈來愈多，主要是由於鴉片大量進口，中國對外貿易由出超變為入超，銀大量流出，故銀價提高。在此情形下，民間有銀者多半儲藏起來，這樣更影響銀價提高。還有當時民間繳納租稅給政府要用銀子，可是農民將農產品零零星星地出賣，只換到一點點的錢，現須以更多的錢來換同樣數量的銀子來納稅，農民感到吃虧。因銀子出口，銀流通量減少，

於是通貨緊縮，物價降低。這是道光年間的大概情形。

到了一八七〇年左右，由於歐洲各國實行金本位制度，銀在歐洲、日本，被剝奪貨幣資格，結果這些銀子大量運到中國來，因為中國還繼續實施銀本位制度。於是自一八七〇年到清末，又有大量銀子輸入中國，銀輸入量增多，它的購買力下降，以致物價提高。這是清代貨幣流通與物價變動的情形。

討論：

問：由外國輸入的銀，是否重新鑄造過才在中國流通？

答：沒有。因為外國銀元原來已有一定的規格，用起來方便，中國當時則以一兩兩計算。後來張之洞在廣東也開始設廠鑄造銀元來流通。

問：海禁實施的結果，銀不能進入中國，銅錢在當時是否佔很重要的地位？海禁解除後，銅錢的地位是否受到銀的輸入而有所影響？

答：清初本國銅礦生產不多，要由日本進口洋銅。清政府平定三藩後，開始採煉雲南銅礦。自乾隆初年到咸豐年間，戶部每年提出一百萬兩銀去辦銅。比方某一開採銅礦者需貸款，政府給予資金，條件是開採以後要按照規定的價格，把銅繳納給政府，這種價格，通常都比市價低。這是辦銅的一部分開支，而另一用途則是負責沿途運費的開支（雲南↓四川↓長江下游↓北京造幣廠）。雲南銅礦每年產銅一千多萬斤，最高紀錄是乾隆三十一年（一七六六），產一千四百六十多萬斤銅，相當於八千七百多噸的銅，這在當時是相當大的數字。因為在十九世紀四〇年代，全世界銅生產量纔五萬噸，而中國在十八世紀一年能生產八千七百多噸，數量可說相當的大。雲南在清代為銅錢鑄造原料的主要來源（約佔百分之八十至九十）。

但咸豐年間雲南回亂，使銅礦生產停頓，長時期下來，礦坑積水。後來回亂停止，生產仍不能繼續從前的盛況。這是雲南銅礦對中國銅錢鑄造貢獻的情形。

不過，清政府的稅收，大體上，仍以銀為主要支付手段，銅錢只居於輔幣地位，且多用於價格低小的買賣，大買賣仍以銀為主。

問：銀大量輸入物價上漲的地區，生產成本高，是否會影響到海外貿易的進行？

答：造成物價上漲，只是某一些特殊的地區，例如邊防吃緊的北方，因為駐軍多，消費多，加上交通不便，運費高故物價上漲。但旁的地方一般物價仍低。前提及物價上漲，主要根據江浙地區的資料，另外絲價也上漲，十八世紀後半為初期的二至三倍。大概除了生產成本增加外，另一因素為國外市場對絲需要增大，外國商人到廣州收購的絲增多，中國商人把絲高價賣出，得到更多的銀子，對中國更為有利。

問：全先生在有關物價的文章中，頁八十二有一圖表，提到米價的漲幅為三·四至四倍。漲幅必然帶來經濟不穩定，為何康熙、雍正、乾隆之間，國勢仍強，社會仍安定？現在台灣米價有一平準基金，主要就是怕米價太低，農民不生產，請問當時有沒有這種情形？除了貨幣流通、人口增加的因素外，是否有解釋當時收入增加的其他情形？而不只是單以米價上漲來說明。（彭文賢）

答：乾隆時代米價漲，消費者吃虧，但農村大多數人收入增加，生活富裕，因為農產品出賣的價格較高，農民得到更多的銀子，生活自然舒服。清代各地都有倉庫，儲存大量米糧，米價高時，可穩定米價，不致使消費者吃太貴的米。

福建情形比較特殊，米價較高，比方湖南生產的米，沿長江順流而下到江浙，一部分轉運到福建，故福建米價因加上運費而較高。這可能因福建大量生產茶葉，輸出後換取更多的銀子進口，當地人入息增加。這種情形，可能是康、雍、乾盛世的一些解釋。在嘉慶元年白蓮教發生變亂以前，大體上，國內是比較安定的，可說是一盛世。

問：我對於彭先生的問題，有一點意見。（劉石吉）

物價上漲，對於此必須有一觀念，經濟繁榮才會物價上漲。此外，貨幣供應較充足，以及產糧區和缺糧地區之交通亦會影響物價。另雍正乾隆之間的盛世之因，或謂糧食必須與人口比率增加配合，米的增加也許不及人口增加，但當時美洲新作物亦傳入中國，配合著當時工商業發展與手工業的發展亦有關係。

我個人想請教全先生的問題是，全先生的研究中，一直說白銀由外國大量輸入中國，中國以白銀為貨幣原料，自從十九世紀中葉以來，外國銀元進入中國，外國銀元對中國而言是一新貨幣，據最近之估計，外國進來之銀元比起原來本地之銀元，在清末是七〇%比三〇%，尤其中國沿海地區貨幣供應充足，使利息下降到一二%，比現在四〇%、歐美六—八%，至少比傳統中國來說這一時代的利息算低。當時不論中國商人或者外國商人，都受到這種貨幣充分供應的影響，在沿海地區尤其明顯。請問你認為在中國引起之物價革命的影響為何？似乎十八世紀以來正面的影響較多，你認為呢？

答：很好。

關於物價高是否影響到康雍乾盛世，我以絲價在十八世紀提高到三倍為例，這對上有天堂，下有蘇杭當然有影響。以太湖為中心的江浙廣大地區，人民多數是以絲紡織業為生，絲價高，得到的銀就多，經濟繁榮下物價就提高。物價與經濟繁榮當然有關係。

第六講　近代工業化的歷史

今天談近代工業化的歷史。工業化和工業革命二名詞常常不易分開，事實上有一部分是互相重疊的。就世界經濟來說，工業革命是工業化的頭一階段，在這時期，英國是唯一工業化的先進國家。就經濟不發展的國家來說，工業革命是工業化的頭一個階段，工業化是使用資本的寬度加大，深度加深的一種過程，經過這過程後，一個工人的生產力就增加了，在農業方面，每個單位面積的土地生產力也增加了。工業化是人口過剩地區解決過剩人口問題的一個辦法，另一個辦法就是移民到國外去。同時工業化也是經濟落後地區增加國民所得的一辦法，因為工業化以後，各種生產因素如資本、勞力、土地的生產力就提高。假如國與國之間，勞動力和資本能夠自由移動的話，那麼資本移到勞動力過剩地區配合工作，就是工業化，過剩人口移民到工業化國家，就是移民。

在十八世紀後半到十九世紀中葉左右，英國發生工業革命時期，有種種機械、技術的發明，從事大量工業投資，到十九世紀中葉，英國成為世界的工廠。由於英國工業革命成功，生產技術慢慢地傳到其他國家，其他國家就利用英國工業革命的經驗和發明，從事機械化的生產。如德國就是一例，在過去英國工業化需要一百年，而德國在一八七一年統一後，只需要十五至二十年的時間，就工業化成功，主因在於利用英國工業化的經驗和發明，不用犯錯誤，使工業化的速度增大，也因此工業生產力增大，到一九一四年有能力發動第一次世界大戰。

對於英國工業化的經驗與其產品，中國在十九世紀中葉左右，首先感覺到，英國輪船軍艦速度快、效力高，槍砲火力大，因此中國落後的武器不能與之對抗。不過鴉片戰後，大家對這種新的發明並不太積極仿效、製造，魏源雖然主張「師夷之長技以制夷」，但當日未能實行。可是到了太平天國革命戰爭（一八五〇—六四）後期，曾國藩、李鴻章等利用在上海外國人組織的軍隊常勝軍，用西洋槍砲幫助淮軍作戰，收復失地，平定太平天國。中國人親眼看到西洋槍砲火力之大與船運之快，比方淮軍從安徽坐船到上海，中間須經太平天國的首都南京，然而因為走得快，所以很容易突破太平天國而到達上海。因此在太平天國革命末期，朝野人士認為中國沿海國防問題非常嚴重，如何對付武力強大的敵人，必須自己能夠製造輪船槍砲。

同治四年（一八六五）以前，曾國藩曾派容閎至美國購買建立江南製造局的機器。在此之前，常勝軍助清打太平軍時，因需槍砲作武器，曾設立砲局來製造砲彈。同時上海有一洋人用來修造輪船、槍砲的機器鐵廠，把它收買過來，再加上容閎自美購回的機器，於是合併起來，成立江南製造局。這個製造局一方面製造槍砲，他方面又能造船。

一八六六年左宗棠在福州馬尾設立船廠，得法國人之助，與法人簽船廠合同：規定在五年之內造船六至十八艘，設立學校，以造船及駕駛輪船的方法教授給中國學生。每年經費六十萬兩，頭五年共花費一百萬英鎊左右。所雇用的外國人多數為法人，共七十五人，中國人共二千五百人。一八七四年此契約終了時，福州船廠共造成輪船十五艘，其中十艘每艘排水量都在一千噸以上。

除了江南製造局以外，當時全國各省多半設立相當於兵工廠的機器製造局，如天津機器製造局，甲午戰前，朝鮮還派人至天津實習；較晚的有漢陽槍砲廠，是張之洞在一八九〇年左右任湖廣總督時設立的。

甲午戰前三十年左右，中國建立這些為解決沿海國防問題而開辦的兵工廠和造船廠，可稱為自強運動的工業建設，也是中國頭一個階段的工業化，因為這些工業都是利用西洋機器設備來製造，故可說是中國機械化生產的開始。這些工業並不能馬上賺錢，所以私人不會投資，但它們既然與國防有關，政府不得不負起責任來投資開辦，所以這些工廠都是官辦的。

這些官辦工業，由於當時㈠政府經費不夠，設備簡陋，效率低下，生產出的船性能差、速度慢，製造出的槍，式樣陳舊落伍。㈡管理組織不健全，冗員太多，公款濫用。㈢技術人才方面有問題，例如福州船政局派至英國的留學生，回國後正值甲午戰爭失敗，政府經費困難，不能發揮他們的長處，因為失業，迫得到外國洋行、領事館擔任翻譯，並不能到船廠工作，學非所用。㈣工廠廠址亦有問題。例如造船廠需鋼鐵作為造船原料，福州船廠設於靠海邊之馬尾，鋼鐵須由國外進口，不能在當地製造。固然福建有鐵礦，可是當時在福建並沒有煤礦，而煤是煉鐵煉鋼的重要燃料，故福州船廠要老遠自外國購買鋼鐵進口，才能造船，以致成本日高，成績不好。張之洞任湖廣總督時，設立漢陽鐵廠，籌備時間從一八九〇到一八九四年，一八九四年五月開始煉鐵，不久之後因成本重，且煉成的鋼品質不好，不宜於製造鐵路路軌。鐵廠在官辦時期，經費主要來自政府，可是甲午戰敗後，由於對外大量賠款，政府經費困難，只好改為官督商辦，由商人募集股本來經營。這是甲午戰後不久的情形。

為何官辦的漢陽鐵廠，成績不好？原因是㈠燃料問題沒有解決。張之洞也知道，在煉鐵製鋼的過程中，需要大量的煤作燃料。湖北大冶鐵礦儲量豐富，鐵砂供應沒有問題。張之洞在大冶鐵礦附近，投資開採王三石煤礦，希望開採到煤，把鐵砂煉成生鐵，再煉成鋼，但開採到數十丈深時冒出大水，煤礦礦坑被淹，沒有多餘的錢買抽水機，這個煤礦只好放棄，不繼續開挖。張之洞又在江夏縣（後改為武昌縣）馬鞍山煤礦開採，結果發現煤中所含硫磺的成分太多，不能煉成焦炭（焦煤），因此沒有辦法用來煉鐵製鋼。漢陽鐵廠於光緒二十年開始煉鐵製鋼，所用的煤自開平煤礦買來。由於燃料供應不夠，原來在漢陽鐵廠有二化鐵爐，只開一個來煉。同時開平煤礦能供應漢陽鐵廠的焦煤數量有限，而且加上高昂的運費，所賣的價格很貴。因為開平煤礦不能滿足漢陽鐵廠的需要，乃由上海購買自外國進口的焦煤，但價格更貴。化鐵爐從一八九四年五月起開爐煉鐵，到十月便被迫停爐不煉。

(二)張之洞為建設漢陽鐵廠，而訂購的機器設備，主要來自英國。英國的機器廠在得到漢陽鐵廠的機器訂單後，問張之洞用何種原料來煉鐵煉鋼？張之洞竟回答說：中國地大物博，你們有什麼就給我們什麼好了。英國給張之洞的機器設備中，有兩個貝色麻煉鋼爐，不能把由含燐較多的鐵砂煉成鐵作原料來煉成合用的鋼。這是機器設備的問題。

(三)廠址亦有問題。鋼鐵工廠在生產過程中需要大量的煤作燃料，大量的鐵砂作原料，為節省運費起見，最好把廠址設在煤、鐵礦都在一起的地方。但張之洞在甲午戰前開採煤礦並沒有成功，焦煤的供應仍是問題，不得已求其次，廠址起碼要設在鐵礦生產地區，如大冶鐵礦，以便減輕鐵砂運費的負擔。但張之洞不同意在大冶設鐵廠，而決定設在漢陽，因為湖廣總督衙門在武昌，漢陽距離武昌較近，張之洞恐怕鐵廠的員工偷懶、貪汙，想就近管理，於是在漢陽設鐵廠。這樣一來，經常由湖北東部大冶走一百多里的路，運鐵砂到漢陽去煉，運費增多，影響到成本也高。而且漢陽夏天雨量多，潮溼，煉鐵製鋼所需燃料更多。這些都是廠址的問題。

所謂自強運動的經濟建設，到甲午戰爭時為止，情形有如上述。我們可以看到中國在甲午戰爭前三十年，想自強但強不了，甲午戰敗是一證明。到甲午戰後，政府有鑑於工業官辦很有問題，乃㈠鼓勵私人資本投資創辦工業。㈡中國過去採用西方機器設備來製造的工業以國防工業為主，甲午戰後改變方針，提倡輕工業或消費品工業，因為這些工業用西方機器製造，成本降低，使大家享受到價廉物美的工業品，生活得以改善，故棉紡織工業、麵粉工業及其他輕工業發展起來。㈢過去中國興辦工業，多半利用國內資金，但甲午戰爭結束，馬關條約允許日本在條約口岸投資工業生產，外資在中國工業化的地位也就重要起來。這是甲午戰後開始的中國工業化的第二階段，和自強運動時期工業化不同的情形。

官辦的漢陽鐵廠在甲午以前遭受的種種困難，張之洞在甲午以後無法解決，乃找到盛宣懷來招商承辦漢陽鐵廠。盛宣懷接收鐵廠後，一方面負責經營鐵廠，另一方面他又出任鐵路總公司的督辦，負責建設盧漢鐵路（後改稱京漢鐵路）。當時主要的意思是，盛宣懷一方面經辦漢陽鐵廠，生產的鋼軌直接賣給鐵路總公司，生產者與主顧為同一人，不愁沒有生意，故盛宣懷兩方面都負責。官辦時期，政府曾對漢陽鐵廠大量投資，但盛宣懷接手後，未能將過去官方所投資金還給政府，故政府仍有權過問，於是「商辦」之上乃加「官督」，由盛宣懷向商人籌集股本來繼續經營。

光緒廿二年（一八九六）盛宣懷負責官督商辦漢陽鐵廠以後，首先解決㈠燃料問題，派人到處調查，發現江西萍鄉煤礦煤儲藏量豐富、品質好，乃請一德總工程師給予技術上的援助，由德國進口機器設備，同時獲得德國洋行貸款四百萬馬克（約銀一百五十至一百六十萬兩），結果煤礦產量大增，燃料問題解決。㈡機器設備方面，因為以含燐成分高的大冶鐵砂作原料來煉成的生鐵，漢陽鐵廠的貝色麻煉鋼爐不能把它的燐去掉，不能煉成好鋼。盛宣懷負責後，派人送大冶鐵砂到歐洲研究檢查乃知此中情形，同時發現鹼性馬丁煉鋼爐，可去燐煉成好鋼，於是添置四座這種煉鋼爐，每座容量三十噸，加上其他設備，在漢陽安裝，結果煉成好鋼。原來的兩個化鐵爐，每一座只能煉一百噸的生鐵，容量太少，乃增加一個二百五十噸的化鐵爐一座，在光緒三十四年完成。由於燃料、機器設備問題的解決，漢陽鐵廠乃能煉成好鋼。各鐵路建造所用的路軌及其他器材都由漢陽鐵廠供應，例如盧漢鐵路，漢廠共供應八萬噸鋼軌，一萬六千噸的零件及其他鐵路器材，其他的鐵路和附近的槍砲廠，亦購用漢陽鐵廠的鋼鐵。

漢陽鐵廠利用大冶鐵礦的原料和萍鄉煤礦的燃料來煉鐵製鋼，到了光緒三十四年（一九〇八），三個機構便合併成漢冶萍煤鐵廠礦有限公司，簡稱漢冶萍公司，取消「官督」兩字而改為正式商辦。商辦的漢冶萍公司資本二千萬元，這在二十世紀初期的中國，是全國資本最大的一個工業企業。這是甲午戰爭以後到清末，漢陽鐵廠由官辦到官督商辦再到商辦的經過。

甲午戰後，政府對於輕工業或消費品工業特別注重。比方用西方機器設備來紡紗織布的棉紡織工業，光是就紡紗來說，像張謇（清朝最後一位狀元），在通州設立大生紡紗有限公司，光緒廿五年（一八九九），資本是五十萬兩，紗錠二萬三百五十枚，開工生產後由於利潤增加，又以利潤擴廠；到一九一三年，資金達一、九九五、七九〇兩，紗錠共六六、七〇〇枚（全國八三八、一九二枚），相當於原來設備的三倍以上，這是張謇辦實業的大概情形。另一位實業家祝大椿，在上海設碾米廠、繅絲廠、五金廠，都是他獨自經營的，同時他又與旁人合資設立紡紗廠、麵粉廠、毛皮打包公司，投資總共超過二百萬元，共雇用四千多人。這又是在甲午以後，由於政府的提倡，民營工業在國內發展的情形。所以甲午以後到清末民初，可以說是中國工業化的第二階段。

甲午戰後中國工業化另一點不同的地方，是鐵路比較大規模的建設。最初人民對於鐵路的建設，有一種保守、反對的態度，比方光緒初年由上海到江灣洋人替我們建好了一條短短的鐵路，後因壓死一人，輿論反對，乃由政府把它收回拆掉，送到台灣由劉銘傳建設台灣鐵路，故在甲午戰爭前夕，中國國內大約只有二百英里長的鐵路。可是，甲午戰後，盧漢鐵路和其他鐵路相繼建設，同時外資乘機加入，例如中東鐵路；故到了清末中國鐵路長度增加至六千英里長左右。由甲午前夕的二百英里增加到清末六千英里長的鐵路，可說是甲午以後中國第二個工業化階段的另一個特點。以上是第二階段。

中國第三階段的工業化，是在歐戰發生以後到抗戰前夕（一九一四—一九三七）。歐戰時期，海上運輸船舶多用於軍事，民用減少，由於貨船減少，海運費便激劇增加，歐戰後期的海運費為一九一三年的十至二十倍，使得過去西方工業先進國家將大量工業品運至中國市場出賣的情形大加改變。過去工業先進國家，以價廉物美的工業品大量運至中國來賣，結果中國自己經營的幼稚工業不能發展，因為後者成本高、技術差，不能與西方價廉物美的工業品競爭。到了歐戰爆發以後，海運船舶減少，運費提高，外國工業品不能大量進口；而且西方工業先進國家忙於參戰，沒有時間生產大量工業品，運到中國來賣，於是中國大量入超的情形得到改觀。比方一九一四年，中國貿易入超的數字是二億一千三百多萬海關兩，而到一九一九年則減低為一千六百一十多萬海關兩。這種入超數字的減少，表示西方工業先進國家價廉物美的工業品，不能大量進口來壓迫中國的幼稚工業，於是中國民族工業有機會發展起來。

以棉紡織工業為例，一九一五—一九二五年中國新設立了八十七家紗廠，一九二五年中國紗廠增加至三百五十萬紗錠。尤其有成就的是榮宗敬，他設立申新紡織無限公司，一九一六年只有一二、九六〇錠，到了一九三六年增加至五六七、二四八錠，為一九一六年的四三．八倍。這一事實告訴我們，在歐戰以後，由於西方工業先進國家產品不能大量運到中國市場來賣，所以中國能夠建立起民族工業，榮宗敬就成為上海的棉紗大王。此外，煙草工業，也在歐戰時期，由於外國香煙不能大量進口，而使中國煙草工業發展起來。這是歐戰以後民族工業建立的情形，也是中國第三個工業化階段的特點。

不過，我們認為中國從一八六五年開始，經過長時期的努力，採用西洋機器設備，從事機械化的生產，然而工業化成績並不令人滿意。抗戰以前，國際聯盟對於各國工業化成績的高低，有一估計，估計辦法是根據一九二六—一九二九年，每一國家生產工業品的價值，用本國人口一除，即可得每國每人每年平均消費工業品的價值。據國際聯盟的統計數字，我們得出一九二六－一九二九每國每人每年平均供應的工業品價值：

美國	二五四（美元）
英	一二二
德	一一一
法	九六
義大利	六〇
日本	二八
俄	二三
中、印	三

這表示中國雖然經過數十年的努力，工業化的成績遠不如歐洲、美國，故有此情形。

據剛才的討論，工業化的主要特點，可說是機械化的生產。機器主要原料為鋼鐵，而煉鐵製鋼需大量的煤作燃料，要機器轉動須用機械動力，在十九世紀大部分時間為蒸汽力，十九世紀末葉以後為電力，不管如何，最重要的燃料仍為煤。故有煤可從事機械化生產，工業化速度較大，成績較好。

中國煤礦儲藏分布的情形如何？大約有三分之二在山西地下儲藏，比方據中國資源委員會的調查，山西地底下的煤佔全國煤儲藏量的六六・五%(即三分之二)。近年來，中國大陸調查山西煤儲量，在一九八〇年後的數字為六千億噸，約佔全國三分之二。然而山西由於距海遠，而黃河雖流經山西附近，但並無航行之利，不能利用來將山西的煤及其他礦產運出，因此山西煤礦生產量並不佔全國三分之二，抗戰以前山西每年煤生產量佔全國煤生產量的不到一〇%，在一九二七—二八年更低至只佔全國煤生產量的七%多點而已。這告訴我們，過去山西煤並不能好好地開發利用。

十九世紀末、二十世紀初，有一公司叫Pekin Syndicate(福公司)，在倫敦註冊，在中國方面取得山西東南部的開礦權益。福公司看到山西煤礦及其他礦產儲藏豐富，若大量開採的話，需要有便利的交通運輸，才能大量運到國內外市場去賣。最初因為想利用長江和漢水，福公司要求中國允許他們建築一條由山西南部澤州到漢水流域之襄陽的鐵路，意思是山西的煤經鐵路運到襄陽，再經漢水、長江到海洋，便可將大量的山西煤運至國內外各地去賣。但後來發現漢水淺，大輪船不能到達襄陽，又要求改變路線，由澤州到南京長江北岸的浦口(澤浦鐵路)，若建造成功，可將山西煤大量運至長江下游，用水道轉運到國內外各地去賣。

不過，盛宣懷當時正負責建築由北京到漢口的鐵路，而這條鐵路要向比利時大量借款才能建設成功。比利時方面，希望中國將來能將所借之錢歸還，才願意貸款。盛宣懷基於這個考慮，乃反對英國建築由澤州到浦口的鐵路，因為深怕京漢鐵路的買賣為澤浦鐵路所搶奪，澤浦鐵路可到長江下游出海更方便，而京漢鐵路只能到達長江中游，在此情況下比利時不會答應借款。因此英國福公司的鐵路計畫沒有成功。加上山西人反對英國福公司在山西開礦，最後英國在山西的礦權，由中國以銀二百七十五萬兩贖回。由此例可看到，由於山西資源豐富，當時英國福公司希望大量開採，然未開採成功，乃放棄；而中國自己亦未能大量開採，因此到了民國，山西雖然地下有全國三分之二儲量的煤礦，但生產量不到全國的一〇％。

對於這種情形，抗戰時期日本占領山西北部時，發現大同煤礦豐富，於是定下大規模開採的計畫。為着要開採大同煤礦，乃改良由大同到河北沿海海港的鐵路交通，希望能在一九四七年一年開採三千萬噸的煤，運到東北、日本，以滿足這些地方鋼鐵工業及其他工業的需要。不過一九四五年日本投降，此計畫沒有完成。

到近幾年，中共亦繼續注意山西大同煤礦。內蒙古的包頭成為重工業中心，主要是利用山西大同煤礦的煤作燃料，來滿足該地鋼鐵工業的需要。近年，美國助中共在大同以南一百六十哩的平朔縣開採露天煤礦，共投資六億美元，將來一年可生產一千五百萬噸的煤。這是山西煤礦過去開採的故事，這方面是否與中國過去工業化成績不好有關係，還請各位指教。

討論：

主席：中國近代化痛苦的歷程，許多人會問我們近代化或工業化失敗，而日本卻成功的原因何在？今天的演講也牽涉到工業化結果帶來社會的改變。另外一點，這六次演講從經濟的觀點，早先中國由出超到今天的入超，這一大轉變亦可一起討論。

問：㈠十九世紀中國與西方接觸，基本上是西方工業革命以後，工業國家與農業國家接觸後引起衝擊，如果說是西方衝擊中國反應，帝國主義之角色，表現最明顯的是經濟帝國主義，即中國工業化的過程。中國工業化是成功還是失敗，是另一問題，我相信是成功的，只是比日本少而已。工業化之所以遲緩的原因很多，如資金、原料等。西方工業化國家帶來資金，如果中國社會本身不能提供資金的話，王業鍵先生介紹全先生貢獻之文章亦提及，其實中國有二五%以上的潛在剩餘，但為何不能把農業的剩餘轉到工業化的資金？這是另一很大的問題。到底中國工業化時，帝國主義除資金以外，連帶地亦帶進其他的影響，這些影響純就經濟觀點來看，對中國是好？是壞？

㈡對於工業化後對中國手工業之影響，全先生提到有很多手工業被破壞，但是最近有一統計，直到一九二〇年代，新式工業佔中國工業總值二〇%，其他手工業則佔八〇%，手工業也是不斷的成長。全先生剛提到民族工業在歐戰前後，是成長最快的時候，其實也是中國傳統手工業成長很快的時候，據這統計，會讓我們有一困惑，就是如果外國帝國主義帶進來的經濟影響是壞的話，應該中國手工業是一蹶不振才對，但是相反地手工業在二十世紀仍不斷成長，想請教全先生對這一問題的看法為何？（劉石吉）

答：⑴西方用機器製造的工業品，價廉物美，對中國手工業是一大打擊，但是另一方面，由於機器轉動而紡成的紗，轉動快而產量多，產品品質也較好，這是洋紗。而中國手工業紡出的紗被淘汰了，但土布業卻重新調整，原來用土紗的現改用洋紗，土布品質改良了，在廣大的中國農村中，能夠用機器紡出的洋紗作原料去織布，織出的布且較耐用，如河北定縣、高陽的土布，因此各地土布工業反而發展起來，故劉先生所提的手工業資本占的比例很大是沒有問題的。

⑵關於資本投資方面，中國對外作戰賠款多，只好借債，每年中國還債的本和利佔每年財政開支的很大的百分比。由國民所得變成財政收入，財政收入變成賠款、還債的本和利，在此情況下，中國人所能利用的國民所得就很少了，消費以外能夠剩餘的也不多，難用於投資。甲午戰後中國賠款的數目，多達二億三千多萬兩，相當於紗廠九百多萬錠的投資，抗戰

以前中國全國紗廠總數為五百萬錠，所以對於工業化的投資當然有影響。庚子賠款後情況更糟，每年財政收入的三分之一都用來賠款及償還外債的本息，所以中國國內資本缺乏，需要外資。

(3)關於中國農村有無剩餘？這些剩餘是否可變成工業方面的投資？這些年來，大陸政權正在進行這些方面的工作，如土改，取消地主階級，從農民方面取得很大的經濟收益，比方租稅方面取得大量農產品，同時通過收購（合作社），把國營工業品的價格定得很高，去換取大量農產品或工業原料如棉花，這可滿足棉紡織廠的需要，糧食方面，換取大量糧食，可送到工業區去解決集中於工業區的工人糧食消費的問題。所以農村的資金，有許多是這樣轉移到工業區去投資的。

問：官督商辦與現代的國營企業很像，很多人常以反面的角度來看，將之評價很低，認為中國之所以工業化失敗，就是官督商辦，這也是今天國營企業所碰到的問題。但是假如在那時候資金取得那麼不容易，風氣不開的制度下，官督商辦是不是時代的產物？如果沒有官督商辦的話，恐怕連工業化原有的一點點成就都很難達到。不知全先生對官督商辦的評價為何？

答：這的確是十九世紀中國社會的特殊產物、制度。盛宣懷籌集股本來經營漢陽鐵廠，那時政府過去的投資，並不能將資金收回，因為商人購買漢陽鐵廠的股票，拿資金去投資，但這些資金有限，不能還錢給政府，因此政府與盛宣懷有一協定，以後鐵廠每出一噸生鐵還一兩銀給政府。在沒有將這筆錢還給政府以前，政府對鐵廠仍有所有權，因為是債權人，所以需要官督。另外如招商局在購買船時，亦需要政府的幫忙，低利貸款來增加輪船的設備，才能從事航運，那麼政府當然是債權人，債權人在債務人沒有完全還清以前，他當然有監督的權力，所以官督，主要的原因是資金太少的問題。

問：當我們在討論落後國家工業化時，常會討論政府所扮演的角色，剛才全先生也提到官督商辦的效果不好，究竟在近代工業化的過程中，政府是扮演積極還是消極的角色呢?如果不能積極，那原因又是什麼?

答：政府心有餘而力不足，資金有限，受條件限制，出乎能力之外。像湖廣總督張之洞，他希望好好辦事，將官方資金好好的利用，他自己並不貪汙，不過當時受整個國家社會條件的限制，如煤礦的開採、燃料問題的解決，或技術問題，不是這些因為考到科舉為進士而做官的人所能解決的。

問：是否在近代工業化初期，工業化的歷程只是由少數地方官自己辦起來？而不是由政府統一規劃的？

答：滿清以異族入主中國，對於控制政權較重視，而對工業化的態度較少。

問：民國以後政府對於工業化的態度為何？

答：這方面，不能估價太低，在抗戰以前，有相當的經濟建設，如公路、鐵路等。

問：十九世紀末到二十世紀初，中國工業化是有進步，但是除了張之洞、李鴻章等官員自辦以外，是否有專業的技術人員擔任顧問？另外山西的煤礦，英國的福公司已發現可利用，為何沒有人想到在當地設立工廠？

答：(1)當時確是有一些比利時、德國、法國工程師和技術人員，如安裝機器時就非常需要，不過當時的科技水準比現在低是沒有問題的，只是利用外來技術，並沒有全盤的工業計劃。

(2)因為福公司只是初期階段，交通運輸問題沒有辦法解決，很難再向前進步。

問：向外國買機器時所簽的合同中，對於技術的轉移過程為何？是外人派員來訓練中國工人如何使用機器？還是對於機器的原理亦有所介紹？中國方面是否有改良技術？或只是仿冒而已？

答：確實有一些人是受外國人訓練下學習技術的。但是另一方面，福州船廠的學生到英國留學學技術的人，回國後沒有工作，這是對於人才的浪費。不過像江南製造局也出版一些科技的書，對科技有貢獻是不容忽視的。

問：(1)盛宣懷反對福公司的建議，福公司可否用京漢鐵路？(2)德國和日本工業化的過程有效，二國的情形是否可加以比較？是否與其幅員不大有關？

答：(1)不能用京漢鐵路，因從山西到河南坡度相當大，需要解決技術問題，且當時京漢鐵路尚未完成，必須藉助比利時大量的貸款才能建設起來。

(2)日本因明治維新才有利用西方科學技術來辦理本國的經濟建設，此情形和德國一樣，不過日本還有一好處，就是甲午戰後，得到大量的賠款，對經濟建設有很大的幫助。

索引

六　劃

七　劃

八　劃

九　劃

十　劃

十一劃

十二劃

十三劃

十四劃

十五劃

十六劃

十八劃

二十四劃

清華文史講座

明清經濟史研究

1987年11月初版　　定價：新臺幣480元
2023年10月三版

著者　全漢昇

出版者	聯經出版事業股份有限公司	副總編輯	陳逸華
地址	新北市汐止區大同路一段369號1樓	總編輯	涂豐恩
叢書主編電話	(02)86925588轉5305	總經理	陳芝宇
台北聯經書房	台北市新生南路三段94號	社長	羅國俊
電話	(02)23620308	發行人	林載爵
郵政劃撥帳戶	第0100559-3號		
郵撥電話	(02)23620308		
印刷者	世和印製企業有限公司		
總經銷	聯合發行股份有限公司		
發行所	新北市新店區寶橋路235巷6弄6號2F		
電話	(02)29178022		

行政院新聞局出版事業登記證局版臺業字第0130號

本書如有缺頁，破損，倒裝請寄回台北聯經書房更換。　ISBN 978-957-08-7135-7 (精裝)
聯經網址 http://www.linkingbooks.com.tw
電子信箱 e-mail:linking@udngroup.com